Jahrbuch Schattenwirtschaft 2010/2011

Jahrbuch Schattenwirtschaft

herausgegeben von

Dominik H. Enste und Friedrich Schneider

Band 2

LIT

Dominik H. Enste, Friedrich Schneider (Hg.)

Jahrbuch Schattenwirtschaft 2010/2011

Schwarzarbeit, Steuerhinterziehung und Finanzkrise

Mit Beiträgen von

Dominik H. Enste, Detlef Fechtenhauer,
Thomas Goebbels, Martina Hartner, Erich Kirchler,
Thomas Oberlechner, Julia Pitters,
Silvia Rechberger, Friedrich Schneider,
Herbert Schwarzenberger und Lucas Ungerer

LIT

Gedruckt auf alterungsbeständigem Werkdruckpapier entsprechend
ANSI Z3948 DIN ISO 9706

Bibliografische Information der Deutschen Nationalbibliothek
Die Deutsche Nationalbibliothek verzeichnet diese Publikation in der Deutschen Nationalbibliografie; detaillierte bibliografische Daten sind im Internet über http://dnb.d-nb.de abrufbar.

ISBN 978-3-643-10550-9

Verlagskontakt:
Fresnostr. 2 D-48159 Münster
Tel. +49 (0) 2 51-62 03 20 Fax +49 (0) 2 51-922 60 99
e-Mail: lit@lit-verlag.de http://www.lit-verlag.de

Auslieferung:
Deutschland: LIT Verlag Fresnostr. 2, D-48159 Münster
Tel. +49 (0) 2 51-620 32 22, Fax +49 (0) 2 51-922 60 99, e-Mail: vertrieb@lit-verlag.de
Österreich: Medienlogistik Pichler-ÖBZ, e-Mail: mlo@medien-logistik.at
Schweiz: B + M Buch- und Medienvertrieb, e-Mail: order@buch-medien.ch

Inhaltsverzeichnis

Vorwort

Das vorliegende Jahrbuch ist der zweite Band der Reihe „Jahrbuch Schattenwirtschaft", die sich mit dem Phänomen „Schattenwirtschaft" aus sozial-, wirtschafts- und rechtswissenschaftlicher Perspektive befasst. Aus terminlichen Gründen werden die Bände in unregelmäßiger Folge erscheinen und dabei jeweils unterschiedliche aktuelle Schwerpunkte behandeln. In der ersten Ausgabe standen grundlegende definitorische und methodische Anmerkungen, neue Daten zur Größe der Schattenwirtschaft und Erkenntnissc aus Umfragen sowie eine sozialpsychologische und ökonomische Ursachenanalyse als Grundlage für wirtschaftspolitische Handlungsempfehlungen im Mittelpunkt.

In diesem Band gibt es einen Schwerpunkt zu angewandten Themen wie Steuerhinterziehung, Steuermoral, Finanz- und Wirtschaftskrise sowie zu den Determinanten von finanzieller Ehrlichkeit. In sechs Beiträgen stellen Forscher der verschiedenen Fachrichtungen ihre Sicht auf die Schattenwirtschaft und mit ihr zusammenhänge Fragestellungen dar. Dabei werden sowohl eingeladene als auch ausgewählte eingereichte Beiträge veröffentlicht. Gerne hätten wir auch Beiträge veröffentlicht, die sich kritisch zu Schattenwirtschaftsschätzungen äußern. Von verschiedenen Seiten wird zwar Kritik an den Schätzungen und Veröffentlichungen rund um das Thema Schattenwirtschaft geäußert, aber trotz ausdrücklicher Einladung sind bisher keine weiteren kritischen Beiträge eingegangen. Fundierte Kritik wurde im letzten Jahrbuch auch bereits publiziert, wie der Beitrag von Kazemier, 2006.

Mit der Erweiterung der Perspektive um die Themenfelder Steuerehrlichkeit, Korruption, Steuerhinterziehung, Finanzkrise und generelle finanzielle Ehrlichkeit ist es uns auch mit diesem Jahrbuch gelungen, namhafte Wissenschaftler aus verschiedenen Disziplinen für Beiträge zu gewinnen. Wir danken allen Autoren für ihre Geduld, da sich die Veröffentlichung aus organisatorischen Gründen leider um einige Monate verzögert hat. Unser besonderer Dank gilt Herrn Dr. Hopf, Verleger des LIT-Verlages, der die Idee zu dieser Reihe hatte und das Thema weiter voranbringen möchte.

Bei der Erstellung des Jahrbuchs haben uns dankenswerter Weise Frau Gottwald und Frau Eyerund tatkräftig und engagiert unterstützt.

Dominik H. Enste und Friedrich Schneider
Herausgeber

1 Schwarzarbeit in Deutschland – Wer arbeitet schwarz und warum?

von Dominik H. Enste

1.1 Überblick

Schwarzarbeit ist in Deutschland nicht erst durch die Finanz- und Wirtschaftskrise ein relevantes wirtschaftliches Phänomen geworden: Jeder Fünfte hat zugegeben, im Jahr 2007 selber schwarzgearbeitet zu haben. Fast jeder Dritte hat auf Schwarzarbeit zurückgegriffen. Besonders verbreitet ist sie in Privathaushalten: 95 Prozent der 4,5 Millionen Haushalte, in denen eine Haushaltshilfe beschäftigt ist, melden ihre Hilfe nicht an. 79 Prozent der betroffenen Haushalte sehen darin auch kein Fehlverhalten und haben kein schlechtes Gewissen. Neben den finanziellen Vorteilen, die durch das Hinterziehen von Steuern und Sozialversicherungsbeiträgen entstehen, sind vor allem die wahrgenommenen sozialen Normen für das deviante Verhalten entscheidend. Das Gesamtvolumen der Schwarzarbeit wird in Deutschland auf Basis von Umfragen auf rund 150 Mrd. Euro geschätzt, hinzu kommt noch das dabei verwendete Material (rund 80 Mrd. Euro).

1.2 Schattenwirtschaft und Schwarzarbeit – Eine Frage der Definition

Über die genaue Definition und die „richtige" Schätzmethode zur Erfassung der Größenordnung von Schwarzarbeit, Schattenwirtschaft und informeller Ökonomie wird seit 25 Jahren in der Wissenschaft debattiert (vgl. z.B. Schäfer, 1984). Im Mittelpunkt des Interesses standen und stehen zum einen Aussagen über Größe und Entwicklung der Schattenwirtschaft. Zum anderen werden Ursachen, Auswirkungen und wirtschaftspolitische Implikationen der Schattenwirtschaft untersucht (vgl. dazu Schneider/ Enste, 2000a und 2000b, 2002, Enste/ Schneider, 2006 a und b; Enste/ Hardege, 2007). Ziel dieses Beitrags ist es hingegen, etwas mehr Licht in die Struktur und die verschiedenen Facetten der Schwarzarbeit zu bringen und zu klären: Wer arbeitet schwarz und warum?

Ausgangspunkt für das wissenschaftliche Interesse an der Schattenwirtschaft ist, dass in vielen Ländern eine zweigeteilte Volkswirtschaft (Dual Economy) existiert. Neben den in der Volkswirtschaftlichen Gesamtrechnung statistisch erfassten Aktivitäten der Privatwirtschaft und des staatlichen Sektors gibt es vielfältige, zumeist nicht erfasste Tätigkeiten, die zum inoffiziellen Sektor gerechnet werden (vgl. Übersicht). Von der Definition dieses Sektors hängen die Größenordnung und die Bewertung der Aktivitäten jenseits der offiziellen Regeln einer Gesellschaft entscheidend ab. Die Abgrenzungen hierzu sind nicht einheitlich. Oftmals werden beispielsweise Schwarzarbeit und Schattenwirtschaft gleichgesetzt (vgl. Graf, 2007, 2008).

Übersicht: Haushalts-, Schatten- und Untergrundwirtschaft

	Haushalts- und Selbstversorgungs-wirtschaft	**Schattenwirt-schaft i.e.S.**	**Untergrund-wirtschaft**
Güter/ Dienst-leistung	Legal	Legal	Illegal
Ausfüh-rung	Legal	Illegal	Illegal
Beispiele	• Eigenleistungen beim Hausbau, Reparaturen • Kinderbetreuung • Nachbarschaftshilfe • Ehrenamtliche Tätig-keiten • Realtausch	• Schwarzarbeit (ca. 150 Mrd. Euro) • Materialbe-schaffung ohne Rechnung (ca. 80 Mrd. Euro)	• Hehlerei • Drogenhandel • Verbotene Glücksspiele • Betrug • Schmuggel • Menschenhan-del
Größe der Sek-toren	ca. 1.000 Mrd. Euro	ca. 230 Mrd. Euro	ca. 100 Mrd. Euro

Quelle: Enste/ Schneider, 2007; Eigene Berechnungen

Neben der Haushalts- und Selbstversorgungswirtschaft, deren Wertschöpfung gemäß internationaler Regeln und aufgrund von Messproblemen im offiziellen Bruttoinlandsprodukt nicht erfasst wird, gehören die Bereiche Schatten- und Untergrundwirtschaft zur inoffiziellen Wirtschaft. Von der legalen Haushalts- und Selbstversorgungswirtschaft unterscheidet sich die Schattenwirtschaft dadurch, dass zwar legale Waren und Dienstleistungen gehandelt werden, diese jedoch illegal erstellt werden. Insbesondere die Schwarzarbeit trägt zur Wertschöpfung in diesem Sektor bei – durch die eingesetzte Arbeitszeit im Umfang von rund 150 Mrd. Euro (2007), aber auch durch die Materialbeschaffung ohne Rechnung, die sich auf rund 80 Mrd. Euro (2007) summiert. In der Untergrundwirtschaft, deren Umfang auf rund 100 Mrd. Euro (2007) geschätzt wird, werden hingegen illegale Waren und Dienstleistungen gehandelt. Dabei handelt es sich zum Beispiel um Menschenhandel, illegale Prostitution oder Schmuggel

1.3 Möglichkeiten und Grenzen der Messung

Jährliche Schätzungen auf Basis makroökonomischer Schätzverfahren können hingegen nur die Größe der Schattenwirtschaft beziffern (Schneider, 2007). Diese divergiert bei verschiedenen Messverfahren, weil Abgrenzungen, Annahmen und Vorgehensweisen sich zum Teil erheblich unterscheiden. Dadurch ist die Vergleichbarkeit zwischen den Ländern, aber auch zwischen einzelnen Schätzungen eingeschränkt. Trotz dieser eingeschränkten internationalen Vergleichbarkeit, zeigt eine differenzierte Auswertung internationaler und nationaler Studien, dass die empirisch ermittelten Größenunterschiede sich oftmals theoretisch erklären lassen (vgl. Enste/ Hardege, 2007). Mikrofundierte Daten zur Schwarzarbeit liefern in unregelmäßigen Abständen Umfragen (Pedersen, 2003; Feld/ Larsen 2006), welche für diesen Abgleich der Daten genutzt werden können.

Auf Basis von Umfragen kommen frühere Schätzungen (vgl. Feld/ Larsen, 2005, 2006, 2008) auf eine Größenordnung der Schwarzarbeit von 4,1 Prozent des Bruttoinlandsprodukts im Jahr 2001, 3,1 Prozent im Jahr 2004, 3,6 Prozent im Jahr 2005 und 2,5 Prozent im Jahr 2006. Dabei werden nur die Arbeitsstunden (bewertet mit dem Lohnsatz in der offiziellen Wirtschaft) erfasst, die von den Befragten auch zugegeben werden. Aus der empirischen Sozialforschung ist jedoch bekannt, dass Menschen bei Befragungen nicht immer ehrlich antworten, sondern „sozial erwünschte" Antworten geben (vgl. dazu z.B. Friedrichs, 1998). Zudem gibt es bei Fragen nach dem Einkommen eine hohe Antwortverweigerungsquote, die sich bei der Frage nach illegalen Tätigkeiten und dem damit verbundenen Einkommen noch deutlich erhöht. Zum Problem der Antwortverweigerung kommt die mangelnde Vergleichbarkeit der Ergebnisse verschiedener Befragungen hinzu. In Abhängigkeit von den verwendeten Begriffen (z.B. Schwarzarbeit oder nicht angemeldete Beschäftigung) und Methoden (z.B. Face-to-Face-Befragung, Telefonumfrage) sowie dem Kontext, in dem die Befragung durchgeführt wurde (z.B. spezielle Studie nur zum Thema Schwarzarbeit/ Steuerhinterziehung oder einige Fragen im Zusammenhang mit einem allgemeinen Fragebogen zu unterschiedlichen Themen), variieren die Ergebnisse deutlich.

1.4 IW-Umfrage zur Schwarzarbeit

Eine repräsentative Bevölkerungsumfrage, welche das Forschungsinstitut TNS Emnid bei 1.018 Befragten ab 18 Jahren im Januar 2007 im Auftrag des IW Köln durchgeführt hat, liefert detaillierte Daten zur Schwarzarbeit in Deutschland. Für die IW-Umfrage wurde eine modifizierte Befragungsmethode verwendet, die bei sensiblen Fragen die Antwortbereitschaft erhöht. In Face-to-Face Interviews wurden die Antworten verdeckt erfasst. Der Bildschirm war für den Interviewer nicht einsehbar, wodurch die Befragten die Antwortkategorien ohne soziale Kontrolle auswählen könnten. Zusätzlich wurde ein Fragebogen entwickelt, der anhand einiger Fragen auch die Bedeutung des sozialen Umfelds bei deviantem Verhalten erfassen konnte. Außerdem wurden die Fragen zur Schwarzarbeit in einen allgemeinen Fragebogen mit einer Reihe von unterschiedlichen Themen integriert, so dass die Antworten nicht in einem spezifischen Umfeld zu Fragen zu deviantem Verhalten gegeben wurden. Die Antwortbereitschaft fällt dementsprechend höher aus und die Antworten sind weniger verzerrt, was ein wesentlicher Grund für die deutlich höheren Werte im Vergleich zu anderen Befragungen ist.

1.5 Wahrnehmung in der Bevölkerung – Illegal, aber legitim

Schwarzarbeit wird von vielen als legitim angesehen, obwohl sie gesetzeswidrig ist. Laut der IW-Umfrage würden nur 3,6 Prozent der Bevölkerung einen Schwarzarbeiter anzeigen und für 25 Prozent gilt Schwarzarbeit als Kavaliersdelikt. Die Ergebnisse einer vom 24.10.-9.11.2008 mit der gleichen Methodik wie in der IW-Umfrage durchgeführten Bevölkerungsumfrage bestätigen dabei diese Größenordnungen (vgl. Minijob-Zentrale, 2009): mit Blick auf Schwarzarbeit im Privathaushalt sagen 27 Prozent, dass doch niemand seine Haushaltshilfe anmelde und dies somit ein „Kavaliersdelikt" sei. Dies bestätigt auch die Allensbach-Umfrage „Moral 2007": Nur jeder Vierte sagt, Schwarzarbeit sei ein Verhalten, das unter keinen Umständen zu billigen ist (Allensbach, 2007).

Im Unterschied dazu lehnt jeder Zweite Steuerhinterziehung ab, Sozialbetrug und Korruption sogar 70 Prozent. Auf den ersten Blick scheint die Bewertung, Steuerhinterziehung ist verwerflicher als Schwarzarbeit, paradox zu sein, denn Schwarzarbeit geht fast immer mit Steuerhinterziehung einher. Aber die Delikte der anderen, insbesondere der Personen mit höherem Einkommen, womit Steuerhinterziehung assoziiert wird, werden schon aus psychologischen Gründen strenger bewertet. Diese Differenzierung hat auf den zweiten Blick aber auch eine gewisse volkswirtschaftliche Logik: Schwarzarbeit hat – neben den negativen Wirkungen zum Beispiel in Bezug auf die Staatsfinanzen und den Wettbewerb – gesamtwirtschaftlich im Gegensatz zur reinen Steuerhinterziehung auch einige positive Wirkungen. Durch die Arbeiten, die aus Kostengründen ansonsten häufig nicht ausgeführt worden wären, werden zusätzliche Einkommen generiert. Diese werden dann zu rund zwei Dritteln wieder in der offiziellen Wirtschaft verausgabt und versteuert (vgl. zur ausführlichen Wirkungsanalyse Schneider/ Enste, 2000b, weitere Literatur).

Auffällig ist, dass in Deutschland straf- und ordnungsrechtlich irrelevante Taten, wie z. B. ein Versprechen zu brechen, für verwerflicher gehalten werden als den Staat zu betrügen. Die Verbesserung der Steuermoral ist nicht zuletzt deshalb ein wesentlicher Baustein bei der Bekämpfung der Schwarzarbeit, da gesellschaftliche Werte und Normen das Verhalten erheblich beeinflussen, wie die folgenden Auswertungen von Umfragen zeigen. Bei der Beschäftigung einer Haushaltshilfe ist der Weg jedoch noch weit, denn 79 Prozent der Befragten haben kein schlechtes Gewissen, dass sie die Haushaltshilfe nicht anmelden. Lässt sich dies noch mit der Reduktion der Dissonanz zwischen Verhalten und Einstellung erklären, gibt zu denken, dass auch rund zwei Drittel der Befragten, die keine Schwarzarbeiter beschäftigen, kein schlechtes Gewissen hätten, dies zu tun (vgl. Minijobzentrale, 2009).

1.6 Umfrageergebnisse – Wer arbeitet schwarz?

Die zentralen Ergebnisse der IW-Umfrage zum Schwarzarbeitsangebot sind: 20,7 Prozent der Befragten haben in den letzten 12 Monaten nach eigenen Angaben selber schwarzgearbeitet und dies durchschnittlich knapp 6,5 Stunden pro Woche für etwa 10 Euro Stundenlohn. Dabei haben Männer (25 Prozent) häufiger schwarzgearbeitet als Frauen (16 Prozent). Die größere Beteiligung von Männern als Frauen am Schwarzarbeitsangebot zeigt sich in ähnlicher Weise auch in anderen Studien (vgl. Feld/ Larsen, 2008). Die Wochenarbeitszeit ist mit 6 1/2 Stunden hingegen eher gering im Vergleich zu anderen Studien (6 3/4 bis 8 1/4 Stunden). Gleiches gilt für den Stundenlohn, der zwischen 10,30 und 13,30 Euro je nach Umfrage liegt. Hingegen ist die Zahl derjenigen, die zugegeben haben, schwarz gearbeitet zu haben, in der IW-Umfrage im Vergleich zu anderen Studien im Schnitt doppelt so hoch (7,2 bis 11,1 Prozent). Die Nachfrage nach Schwarzarbeit war noch höher: 30,8 Prozent haben in den letzten 12 Monaten nach eigenen Angaben Arbeiten ohne Rechnung („schwarz“) im Umfang von durchschnittlich 1.000 Euro durchführen lassen. (Männer: 35,4 Prozent; Frauen: 26,5 Prozent). Die folgende Tabellen 1 und 2 geben einen Überblick über weitere Einflussfaktoren. Dabei ergeben sich teilweise andere Ergebnisse, als häufig vermutet wird. Insbesondere fällt auf, dass vorübergehend Arbeitslose (und noch nie Erwerbstätige) seltener Schwarzarbeit leisten als alle anderen Bevölkerungsgruppen. Ein Grund ist, dass zwar Zeit für Schwarzarbeit vorhanden wäre, häufig aber die Kundenkontakte und damit die Gelegenheiten zur Schwarzarbeit fehlen. Außerdem wird Leistungsmissbrauch von der Finanzkontrolle Schwarzarbeit und anderen Behörden besonders intensiv verfolgt und geahndet.

Tabelle 1: Schwarzarbeit in Deutschland (2007) – Deskriptive Statistik

Variable	**Variablenausprägung**	**Schwarz-arbeits-angebot**	**Schwarz-arbeits-nachfrage**
Geschlecht	männlich	25,0	35,4
	weiblich	16,0	26,5
	Gesamt (N=1.018)	**20,7**	**30,8**
Alter in Kategorien			
	18-29 Jahre	34,9	40,0
	30-39 Jahre	21,1	38,3
	40-49 Jahre	19,1	27,6
	50-59 Jahre	20,1	30,2
	60-69 Jahre	18,4	29,4
	über 70 Jahren	20,4	30,9
Bildung	geht noch zur Schule	0,0	0,0
	Haupt-/Volksschule ohne Berufsausbildung	29,9	26,9
	Haupt-/Volksschule mit Berufsausbildung	20,9	29,1
	weiterführende Schule ohne Abitur	18,1	34,2
	Abitur, (Fach-)Hochschulreife	24,07	27,5
	Fachhochschule/ Universität	21,42	33,7
Berufstätigkeit	voll berufstätig	22,1	32,8
	teilweise berufstätig	17,1	32,1
	Rentner, Pensionär (früher berufstätig)	19,9	31,2
	Lehrling, Schüler, Student, Umschulung	29,9	33,3
	nicht berufstätig (früher berufstätig)	26,5	28,4
	vorübergehend arbeitslos	14,3	20,3
	noch nie berufstätig	0,0	7,1
Einkommen (Person)	kein persönliches Einkommen	17,9	17,9
	bis 1.500 Euro netto	21,3	32
	über 1.500 Euro netto	30,2	42,9
	Gesamt (N=811)	23,2	33,6

Einkommen (Haushalt)	bis 1.500 Euro netto	25,2	27,1
	über 1.500 Euro netto	24,4	38,9
	Gesamt: (N=778)	24,7	35,2
Wohnsituation	Hauseigentümer	20,2	31,0
	Wohnungseigentümer	22,6	41,0
	Mieter	20,4	27,2
	Untermieter	20,7	50,0
Beruf	Selbständige	21,7	47,7
	Arbeiter	30,0	32,9
	Angestellte	16,8	28,6
	Beamte	23,3	23,3
Wohnortgröße	Bis 20.000 Einwohner	10,1	19,7
	Bis 500.000 Einwohner	23,8	38,3
	Über 500.000 Einwohner	20,4	23,2

Datenbasis: IW-Umfrage, 2007

Fasst man die deskriptiven Daten sehr vereinfacht zusammen, wäre der „typische“ Schwarzarbeiter: männlich, Arbeiter, zwischen 18 und 29 Jahre alt und gering qualifiziert. Er hat keine oder nur eine geringe Schulbildung, der Haushalt muss mit weniger als 1.500 Euro netto auskommen. Er lebt in einer mittelgroßen Stadt und in seiner Nachbarschaft verdienen sich viele ebenfalls durch Schwarzarbeit etwas hinzu. Eine differenzierte Analyse der Zusammenhänge zwischen den unterschiedlichen Variablen und Schwarzarbeitsangebot sowie -nachfrage liefern Korrelationsanalysen (Spearman- und Pearson-Koeffizienten). Tabelle 2 fasst die wesentlichen Ergebnisse zusammen. Neben der Bestätigung der Ergebnisse anderer Studien, dass Frauen in wirtschaftlichen Dingen (wie bei der Steuererklärung) ehrlicher sind als Männer, zeigen die Korrelationsanalysen, dass generell Arbeiter und Selbständige häufiger selber schwarzarbeiten und auch häufiger die Dienste von Schwarzarbeitern in Anspruch nehmen. Alter, Bildung, berufliche Stellung, Wohnsituation, Ortsgröße und Einkommen haben hingegen keinen signifikanten Einfluss auf das deviante Verhalten. Nur bei einer Erfassung des Einkommens des Befragten in drei Kategorien lassen sich positive Zusammenhänge ermitteln. Die Befunde zu den Einflussgrößen und zur Struktur decken sich weitgehend mit den Befragungsergebnissen der EU-Kommission (2007) (vgl. Enste, 2010 für einen Vergleich der Ergebnisse unterschiedlicher Befragungen).

In der IW-Umfrage zeigen sich starke Zusammenhänge zwischen den erfragten Einstellungen zu deviantem Verhalten und den geäußerten Gründen für Schwarzarbeitsangebot oder -nachfrage. Die hohe Steuerlast (Tabelle 2, Zeile 12) und auch die Möglichkeit, Vorschriften zu umgehen (Zeile 13), werden neben der geringen Entdeckungswahrscheinlichkeit (Zeile 14) als auf der Anreizebene (Restriktionen) zu verortende Gründe für Schwarzarbeit genannt. Gefragt wurde jeweils, ob die Befragten den Aussagen zustimmen. Die Einstellungsebene betreffende Variablen zeigen noch stärkere Zusammenhänge: Wer eine kritische Einstellung gegenüber Schwarzarbeit hat (Zeile 15/16), fragt auch weniger Schwarzarbeit nach oder bietet sie an. Erfahrungen mit Schwarzarbeitern schrecken hingegen die Menschen nicht ab, sondern es besteht im Gegenteil ein höchst signifikanter *positiver* Zusammenhang (Zeile 17). Ein Grund könnte sein, dass die Nachfrager keine Qualitätsunterschiede zwischen Schwarzarbeit und legaler Arbeit sehen (Zeile 18) und bisher gute Erfahrungen gemacht haben. Die persönliche Einstellung gegenüber deviantem Verhalten (Zeile 19-22) beeinflusst die Inanspruchnahme von Schwarzarbeitern ebenfalls höchst signifikant. Noch entscheidender ist jedoch die Wahrnehmung des Verhaltens anderer Personen aus dem persönlichen Umfeld und damit die vom Einzelnen empfundene soziale Norm.

Tabelle 2: Einflussfaktoren für Schwarzarbeitsangebot und -nachfrage

	VARIABLE	**Schwarz arbeits-angebot**	**Schwarz-arbeits-nachfrage**
1	Geschlecht (1=männlich, 2=weiblich)	---	---
2	Alter	x	x
3	Bildung	x	x
4	Berufliche Stellung	x	x
5	Beruf (1=Beamter, 2=Angestellter, 3=Arbeiter, 4= Selbständiger)	+++	+++
6	Haushaltsgröße	x	-
7	Haushaltsnettoeinkommen	x	x
8	Einkommen des Befragten	x	x
9	Einkommen des Befragten kategorial (1= kein Ein- kommen/ 2= unter 1.500 Euro/ 3=über 1.500)	+++	+++
10	Wohnsituation	x	x

11	Ortsgröße	x	x
12	Aussage: Staat ist selbst schuld, Steuern zu hoch	x	++
13	Aussage: Schwarzarbeit: eleganter Weg, Vorschriften zu umgehen	+++	+++
14	Aussage: erwischt zu werden ist unwahrscheinlich	+++	+++
15	Aussage: Schwarzarbeiter sollen hohe Geldstrafen zahlen	--	---
16	Aussage: Steuerhinterzieher sind Betrüger	---	---
17	Aussage: habe in den letzten 2-3 Jahren Schwarzarbeiter beschäftigt	+++	+++
18	Aussage: keine Qualitätsunterschiede bei Schwarzarbeit	x	+++
19	Aussage: Auftrag ohne Rechnung ist Kavaliersdelikt	+++	+++
20	Aussage: Der Ehrliche ist der Dumme	+++	+++
21	Aussage: Blau machen ist ab und zu in Ordnung	x	+++
22	Aussage: würde bei Gelegenheit auch schwarz arbeiten	+++	+++
23	Aussage: fast jeder gibt bei der Steuer nicht alle Einkommen an	+++	+++
24	Anzahl der Nachbarn, die bereits Schwarzarbeiter beschäftigt haben	+++	+++
25	Anzahl der Nachbarn, die selber schon mal schwarz gearbeitet haben	+++	+++

Erläuterungen:
--- (+++) = negativer (positiver) Zusammenhang signifikant auf dem 1 Prozent Niveau; -- (++) = negativer (positiver) Zusammenhang signifikant auf dem 5 Prozent Niveau ; - (+) = negativer (positiver) Zusammenhang signifikant auf dem 10 Prozent Niveau
x = kein signifikanter Zusammenhang
Datenbasis: IW-Umfrage, 2007

1.7 Umfrageergebnisse – Gründe für Schwarzarbeit

Um den Einfluss von sozialen Normen vereinfacht zu erfassen, wurde gefragt, ob der Befragte vermutet, dass auch Nachbarn und Freunde Aufträge ohne Rechnung vergeben. 22 Prozent der Befragten kennen keine Freunde oder Nachbarn aus ihrem unmittelbaren Umfeld, die Schwarzarbeiter beschäftigt haben, und 34,4 Prozent der Befragten kennen niemanden, der selber schwarzgearbeitet hat. Andererseits geht mehr als die Hälfte der Befragten davon aus, dass 40 Prozent oder mehr der Nachbarn und Freunden bereits Schwarzarbeiter beschäftigt haben. Mehr als ein Fünftel glaubt, dass mindestens 50 Prozent der Nachbarn und Freunde selbst schwarzgearbeitet haben.

Tabelle 3: Wahrgenommene Verbreitung von Schwarzarbeit bei Freunden und Nachbarn

So viele Nachbarn/ Freunde haben ...	... bereits Schwarzarbeiter beschäftigt	... selber schon mal schwarz gearbeitet
0 Prozent	22,0	34,4
10 bis 30 Prozent	27,8	38,9
40 bis 60 Prozent	22,7	16,0
70 bis 100 Prozent	27,6	10,6
Gesamt	100,0	100,0

Datenbasis: IW-Umfrage, 2007

Diese Antworten zur wahrgenommenen Verbreitung der Schwarzarbeit sind relevant mit Blick auf den Einfluss von Normenwahrnehmung auf das eigene Verhalten. So korreliert die eigene Schwarzarbeitsnachfrage hoch und höchst signifikant mit der wahrgenommenen Nachfrage in der Nachbarschaft (r = 0,388***) und das eigene Schwarzarbeitsangebot korreliert hoch und höchst signifikant (r = 0,355***) mit dem wahrgenommenen Angebot. Auch unter Einbeziehung weiterer Variablen liefert diese Variable stets den größten Erklärungsbeitrag, wie mit logistischen Regressionsanalysen ermittelt wurde. Die Berechnungen zeigen, wie gut unter Berücksichtigung besonders erklärungskräftiger Variablen die Vorhersage ist, dass jemand schwarzarbeitet bzw. schwarzarbeiten lässt.

- Schwarzarbeitsangebot: Nur auf Basis der Beantwortung der Frage nach der Anzahl der Nachbarn, die selber schwarz gearbeitet haben, kann mit einer 77-prozentigen Wahrscheinlichkeit richtig vorausgesagt werden, ob der Befragte auch selber in den letzten 12 Monaten schwarz gearbeitet hat. Bei Frauen liegt der Prozentsatz der richtig vorausgesagten Ergebnisse sogar bei 83,3 Prozent, bei Männern bei 70,2 Prozent. Der Einfluss des persönlichen Umfelds scheint gemäß dieser Daten bei Frauen prägender zu sein als bei Männern. Weitere Variablen, welche die Vorhersagekraft des Modells bis auf 79,5 Prozent für Männer und Frauen verbessern, sind (1) ob der Befragte über positive eigene Erfahrungen mit Schwarzarbeitern in früheren Jahren verfügt und (2) welcher Beruf ausgeübt wird. Selbständige und Arbeiter arbeiten häufiger selber schwarz als Beamte oder Angestellte.

- Schwarzarbeitsnachfrage: Die Schwarzarbeitsnachfrage in den letzten 12 Monaten lässt sich ebenfalls recht gut mit dem Grad der wahrgenommenen Devianz in der Nachbarschaft und im Freundeskreis erklären (65,8 Prozent), allerdings spielen hier die eigenen positiven Erfahrungen mit Schwarzarbeitern in früheren Jahren eine größere Rolle als beim Schwarzarbeitsangebot. Mit diesen beiden Variablen kann mit 75,7 Prozent Wahrscheinlichkeit das Verhalten richtig vorhergesagt werden. Nimmt man Antworten auf die Fragen nach der Einstellung zu Steuersündern sowie zu Schwarzarbeitern hinzu, steigt die Vorhersagegüte auf 78,7 Prozent. Werden nur die Männer betrachtet, kann deren Verhalten zu 80 Prozent richtig vorhergesagt werden, wenn bekannt ist, wie sie ihr persönliches Umfeld bezüglich Schwarzarbeit einschätzen, ob sie früher schon einmal Schwarzarbeiter beschäftigt haben und ob sie meinen, dass sie die Arbeiten sonst nicht hätten ausführen lassen können. Das Verhalten der Frauen lässt sich hingegen generell nur bis zu 70 Prozent vorhersagen, wofür die Antworten auf die Frage nach der Anzahl der Nachbarn, die schwarz gearbeitet haben, sowie gute Erfahrungen mit Schwarzarbeitern in früheren Jahren ausreichen.

1.8 Wertschöpfungsverlust und betroffene Branchen

Die IW-Umfrage 2007 zeigt, dass knapp ein Viertel der Arbeiten in die offizielle Wirtschaft verlagert werden könnte. Denn nach eigenen Angaben würden, wenn es keine Schwarzarbeit mehr gäbe,

- 48 Prozent der Befragten diese Arbeiten nicht mehr ausführen lassen,
- 30 Prozent diese Arbeiten selber erledigen und
- 22 Prozent diese Arbeiten offiziell vergeben.

Demnach würden unter den gegebenen Bedingungen von 150 Milliarden Euro Wertschöpfung durch Schwarzarbeit etwa 33 Milliarden Euro (= 22 Prozent) an offizieller Wertschöpfung verloren gehen. Dies entspräche rund 575.000 Vollzeitarbeitsplätzen, bei einer durchschnittlichen Wertschöpfung pro Kopf von 57.000 Euro pro Person und Jahr.

Die nach Angaben der Bevölkerung besonders von Schwarzarbeit betroffenen Bereiche zeigt Abbildung 1.

Abbildung 1: Aufteilung der Schwarzarbeit nach Wirtschafts- und Dienstleistungssektoren in Deutschland (2007)

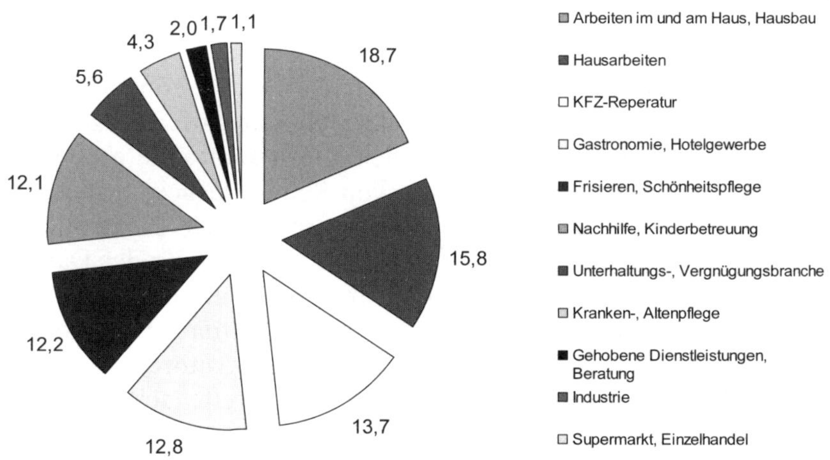

Quelle: IW-Umfrage, 2007

1.9 Erfolglose Symptombekämpfung

Politiker und Bürokraten sehen häufig nur in schärferen Sanktionen, verstärkten Razzien und härteren Strafen einen Weg zur Bekämpfung der Schwarzarbeit. Die Verfolgungszuständigkeit ist dafür von der Bundesagentur für Arbeit auf die Zollbehörde (Finanzkontrolle Schwarzarbeit – FKS) übertragen worden – verbunden mit einer Aufstockung der Arbeitskräfte. Eine Übersicht über die Kosten sowie die Erfolge und Misserfolge bei der Bekämpfung der Schwarzarbeit durch die FKS liefert ein Bericht des Bundesrechnungshofs. In dieser 2008 veröffentlichten Studie über die Wirksamkeit der FKS bestätigt der Bundesrechnungshof (2008) die vom IW Köln im Jahr 2004 geäußerte Kritik an der kostspieligen und ineffizienten Arbeit der FKS (Enste, 2004). Der Öffentlichkeit werden als Beleg für die vermeintlich erfolgreiche Arbeit aufgedeckte Schäden in Höhe von über 600 Millionen Euro (2006) präsentiert. Tatsächlich werden aber nur zusätzliche Steuer- und Sozialversicherungseinnahmen in Höhe von 30 Millionen Euro und Einnahmen durch Geldbußen von knapp 10 Millionen Euro erzielt. Die Einnahmequote bei den Sozialversicherungs- und Steuerschäden liegt damit jährlich bei nur 5 bis 10 Prozent der berichteten Schäden. Dem stehen Kosten von 400 Millionen Euro (2007) für die rund 6.500 Beschäftigten gegenüber. Die FKS befasst sich zudem zu mehr als 70 Prozent mit kleineren Fällen von Leistungsmissbrauch, die durch einfachen Datenabgleich zwischen den Sozialleistungsträgern aufzudecken sind.

Die FKS sollte deshalb nicht abgeschafft werden, sondern stattdessen gemäß den Vorschlägen des Bundesrechnungshofs wirksamer aufgestellt und intensiver evaluiert werden. Dazu zählt eine größere Präsenz im Außendienst zur Prävention von Schwarzarbeit, insbesondere auf Großbaustellen, zudem die Konzentration der Kontrollen auf Straftaten mit größerem Schaden sowie die Auswertung der Daten der FKS in Zusammenarbeit mit externen Instituten, um die Wirksamkeit der Schwarzarbeitsbekämpfung besser kontrollieren zu können. Aus der Erfolglosigkeit der FKS schließen einige Autoren (u.a. Koch, 2008, S. 11), dass Schwarzarbeit nicht sehr verbreitet sein kann, wenn die FKS kaum Schwarzarbeiter erwischt. Dabei übersehen diese Autoren jedoch, dass der Bundesrechnungshof in erster Linie nicht die geringe Zahl aufgedeckter Schäden kritisiert, sondern die sich daraus ergebende geringe Einnahmequote. Diese hat nichts mit dem Gesamtumfang der Schwarzarbeit zu tun, sondern mit der Effizienz und Effektivität der Eintreibung und Organisation.

Umfragedaten lassen ähnliche Schlüsse zu: Trotz der Intensivierung der Kontrollen meinen laut IW-Umfrage (2007) gut 21 Prozent der Deutschen, dass die Wahrscheinlichkeit, als Schwarzarbeiter erwischt zu werden, gering ist. Die Zahl hat damit trotz staatlicher Kampagne noch zugenommen (2001: 18,2 Prozent; 2004: 15,1 Prozent). Die objektive Bestrafungswahrscheinlichkeit variiert je nach Delikt deutlich. Bei Leistungsmissbrauch (z. B. Arbeitslosenhilfebezug trotz Schwarzarbeit) wird – da er über einen Datenabgleich leicht aufgedeckt werden kann – oft ein Ermittlungsverfahren eingeleitet, während die nebenberufliche Schwarzarbeit kaum verfolgt wird. Dies entspricht auch dem Unrechtsverständnis der Bürger, von denen 71 Prozent Leistungsmissbrauch ablehnen, verglichen mit nur 25 Prozent bei Schwarzarbeit (Allensbach, 2007).

Neben höheren Strafen und mehr Kontrollen werden auch steuerpolitische Maßnahmen diskutiert. Dazu zählt zum Beispiel eine Verringerung der Mehrwertsteuer auf besonders arbeitsintensive Dienstleistungen oder die Gewährung eines Steuernachlasses auf die Arbeitskosten bei offiziell vergebenen Aufträgen. Für verschiedene Arten von haushaltsnahen Dienstleistungen gibt es dementsprechend auch steuerliche Absetzungsmöglichkeiten von offiziell erbrachten und bezahlten Arbeitskosten.

1.10 Steuerliche Absetzbarkeit von Dienst- und Handwerksleistungen

Neben der Minijobregelung, nach der unter bestimmten Bedingungen bis zu 400 Euro im Monat steuer- und abgabenfrei hinzuverdient werden darf, dient die steuerliche Geltendmachung von arbeitsintensiven Leistungen, die bisher überproportional häufig schwarz erledigt werden, der Bekämpfung von Schwarzarbeit. Durch das Maßnahmenpaket der Bundesregierung zur Beschäftigungssicherung vom 5. November 2008 und durch das Gesetz zur Förderung von Familien und haushaltsnahen Dienstleistungen traten zum 1. Januar 2009 großzügige steuerliche Regelungen für Haushalte und Familien für (1) haushaltsnahe Dienst- und Pflegeleistungen (bis 20.000 Euro) und (2) Handwerkerleistungen (bis zu 6.000 Euro Arbeitslohn) in Kraft. Bei legalen Ausgaben in Höhe von bis 26.000 Euro pro Jahr erfolgt eine unmittelbare Verringerung der Steuerlast um bis zu 5.200 Euro (20 Prozent). Damit ist die legale Tätigkeit innerhalb dieser Grenzen nicht mehr deutlich teurer als Schwarzarbeit. Im Detail lauten die Regelungen:

(1) Haushaltsnahe Dienstleistungen und Pflege- und Betreuungskosten: Die Arbeiten müssen von einem selbstständigen Dienstleister oder einer Dienstleistungsagentur ausgeführt worden sein. Zu den begünstigten Leistungen gehört z. B. die Reinigung der Wohnung, das Putzen der Fenster, die Gartenpflege (z.B. Rasenmähen, Heckenschneiden) oder die Dienstleistung bei Umzügen von Privatpersonen sowie die Pflege und Betreuung von Angehörigen. Die Sonderregelungen bei der Kinderbetreuung bleiben hiervon unberührt.

(2) Handwerkerleistungen: Begünstigt sind alle Aufwendungen für Renovierungs-, Erhaltungs- und Modernisierungsmaßnahmen für die zu eigenen Wohnzwecken genutzte Wohnung. Zu den begünstigten Maßnahmen gehören z. B. Reparaturen oder Austauscharbeiten an Fenstern und Türen, Reparaturen, Wartungs- oder Austauscharbeiten an Heizungsanlagen, Elektro-, Gas- und Wasserinstallationen. Die Ermäßigung der Einkommensteuer beträgt auch hier 20 Prozent der Aufwendungen (1.200 Euro), allerdings nur für Arbeitskosten bis zu 6.000 Euro.

Bei den haushaltsnahen Dienstleistungen wird das offizielle Angebot durch die steuerliche Absetzbarkeit innerhalb der Grenzen um 20 Prozent preiswerter. Legt man die auf Basis einer Allensbach Umfrage (2008) geschätzte Nachfragefunktion zugrunde, kann – bei einem unelastischen Verlauf der Angebotskurve – diese Preissenkung zu einer zusätzlichen Nachfrage von umgerechnet bis zu 248.000 Vollzeitäquivalenten führen (vgl. Enste/Hülskamp/Schäfer, 2009). Eine entsprechende Nachfrage wurde bei einem Stundenlohn von 15 Euro bekundet, der durch die 20-prozentige Subvention der Marktlöhne von 18 bis 20 Euro in etwa erreicht wird. Gelingt es durch die Begünstigung der Dienstleistungen auch etwa 30 Prozent der bisher schwarz erbrachten Pflegeleistungen und Arbeiten rund um den Haushalt in die offizielle Wirtschaft zu verlagern, könnten zusätzlich 177.000 Vollzeitjobs entstehen (vgl. Enste/Hülskamp/Schäfer, 2009). Die zusätzliche steuerliche Absetzbarkeit von Handwerksleistungen bewirkt ebenfalls einen Rückgang der Schwarzarbeit, zumal die Grenze mit 6.000 Euro für Arbeitskosten vergleichsweise hoch liegt, denn der durchschnittliche Auftragswert im Jahr 2007 lag gemäß IW-Umfrage (2007) bei rund 1.000 Euro pro Jahr, die durchschnittlich geleistete Arbeit je Schwarzarbeiter betrug rund 3.500 Euro pro Jahr (vgl. IW Köln, 2007; Feld/Larsen, 2008). Der dauerhafte Nutzen solcher Sonderregelungen ist ordnungspolitisch fraglich, da zwar einerseits einige Dienstleistungen günstiger werden, aber dafür der generelle Steuersatz höher sein muss als ohne diese Vergünstigungen für einzelne Tatbestände. Außerdem sind Mitnahmeeffekte wahrscheinlich, d. h. bis zu den entsprechenden Beträgen wird legal abgerechnet und darüber hinaus dann wieder ohne Rechnung gearbeitet. Außerdem ist zum Beispiel bei der Beschäftigung einer Haushaltshilfe das Hauptproblem mittlerweile eher das fehlende legale Angebot, das auch mit den Minijobregelungen bisher nicht maßgeblich ausgebaut werden konnte (vgl. vgl. Enste/Hülskamp/Schäfer, 2009).

2 Der Einfluss der Weltwirtschaftskrise auf die Schattenwirtschaft und Korruption in Deutschland und in Österreich: Ein (Wieder-)Anstieg

von Friedrich Schneider

2.1 Einleitung und Berechnungsmethode

Die Weltfinanzkrise erfasste im Jahr 2009 auch die „Realwirtschaft“ in Deutschland, im Jahr 2009 reduzierte sich das „offizielle“ BIP um 3 Prozent und die Arbeitslosigkeit stieg um eine Million Personen an. Auch vor diesem Hintergrund werden seitdem das Ausmaß und die zeitliche Entwicklung der Schattenwirtschaft in Deutschland wieder intensiv diskutiert, da viele versuchen werden, die Einkommensverluste in der offiziellen Wirtschaft durch mehr Schwarzarbeit zu kompensieren. Darüber hinaus wird von Seiten der Politik weiterhin über Möglichkeiten nachgedacht, wie man die schattenwirtschaftlichen Aktivitäten in die offizielle Wirtschaft überführen kann.

Der vorliegende Beitrag informiert über die Entwicklung der Schattenwirtschaft in Deutschland und in weiteren 20 OECD-Ländern seit 1990 und zeigt unter Berücksichtigung der Weltwirtschaftskrise Berechnungen für das Jahr 2009 (Kapitel 2 bis 4). Aufgrund der Weltwirtschaftskrise stieg in allen OECD-Ländern zum ersten Mal wieder die Schattenwirtschaft stark an. Darüberhinaus werden die Gründe und Interaktionen zwischen Schattenwirtschaft und Korruption dargestellt (Kapitel 5).

Die Schätzungen des Umfangs der Schattenwirtschaft basieren auf einer Kombination des Bargeldansatzes mit dem MIMIC-Verfahren[1].

[1] *Auf eine ausführliche Darstellung der Schätzverfahren, deren Schwächen und Stärken, so wie eine generelle Kritik an den empirischen Methoden zur Schätzung der Schattenwirtschaft wird hier verzichtet. Vergleiche hierzu folgende Arbeiten: Feld und Schneider (2010); Schneider, Bühn und Montenegro (2010), sowie Schneider und Enste (2000).*

Der Bargeldansatz fußt auf der Idee, dass die in der Schattenwirtschaft erbrachten Leistungen bar entlohnt werden, und dass es mit Hilfe einer Bargeldnachfragefunktion gelingt, diese bar entlohnten Leistungen zu schätzen und das Volumen an Schattenwirtschaft zu berechnen. Der MIMIC-Ansatz geht von der Annahme aus, dass die Schattenwirtschaft eine nicht direkt beobachtbare Größe ist, die näherungsweise aufgrund von quantitativ erfassbaren Ursachen (z.B. Steuerbelastung, Regulierungsdichte), im Schatten zu arbeiten, und Indikatoren (Bargeld, offizielle Arbeitszeit, etc.), in denen sich Schattenwirtschaftsaktivitäten widerspiegeln, berechnet werden kann. Da mit dem MIMIC-Verfahren nur relative Größenordnungen der Schattenwirtschaft der einzelnen Länder berechnet werden können, werden zur Umrechnung der Größen der Schattenwirtschaft in absolute Werte (in % des offiziellen BIP oder in Milliarden €) einige Werte, die mit der Hälfte des Bargeldverfahrens berechnet wurden, benötigt.

2.2 Zeitliche Entwicklung der Schattenwirtschaft bis 2009

Abbildung 2.1

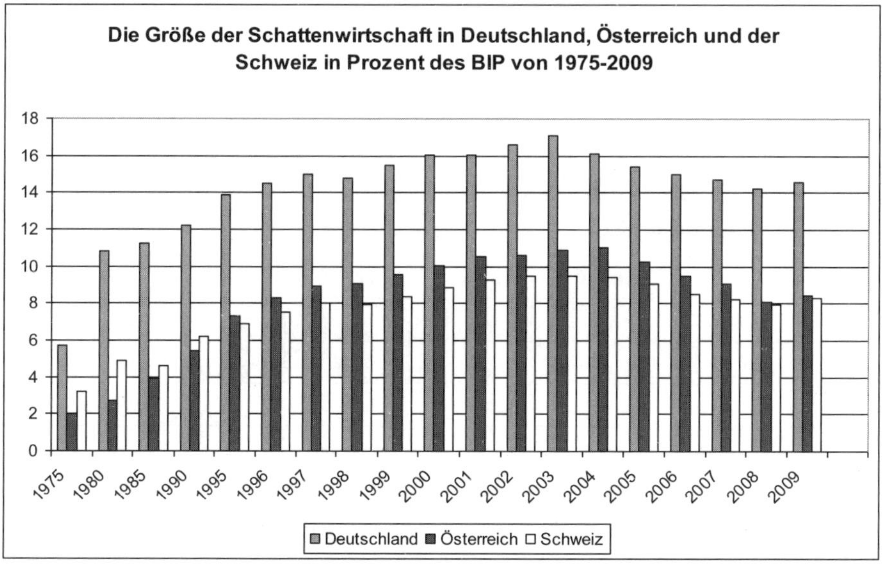

Abbildung 2.2

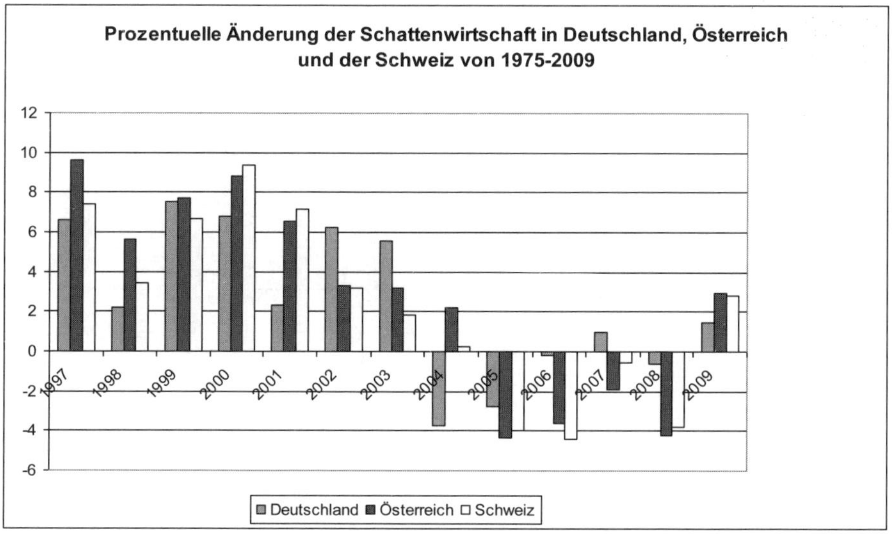

Tabelle 2.1 und die Abbildungen 2.1 und 2.2 geben die zeitliche Entwicklung der mit diesen Verfahren geschätzten Größe der Schattenwirtschaft für die drei deutschsprachigen Länder über die Periode 1975 bis 2009 wieder.

Tabelle 2.1: Die Größe der Schattenwirtschaft in Deutschland, Österreich und der Schweiz über den Zeitraum 1975 bis 2009 – berechnet mit Hilfe des Bargeldansatzes und des MIMIC-Verfahrens

	Größe der Schattenwirtschaft (in % des „offiziellen" BIP)					
	Deutschland		**Österreich**		**Schweiz**	
Jahr	**in %**	**Mrd. €**	**in %**	**Mrd. €**	**in %**	**Mrd. SFr.**
1975	5,75	29,6	2,04	0,9	3,20	12
1980	10,80	80,2	2,69	2,0	4,90	14
1985	11,20	102,3	3,92	3,9	4,60	17
1990	12,20	147,9	5,47	7,2	6,20	22
1995	13,90	241,1 [1)]	7,32	12,4	6,89	25
1996	14,50	257,6 [1)]	8,32	14,6	7,51	27
1997	15,00	274,7 [1)]	8,93	16,0	8,04	29
1998	14,80	280,7 [1)]	9,09	16,9	7,98	30
1999	15,51	301,8 [1)]	9,56	18,2	8,34	32
2000	16,03	322,3 [1)]	10,07	19,8	8,87	35
2001	16,02	329,8 [1)]	10,52	21,1	9,28	37,5
2002	16,59	350,4 [1)]	10,69	21,8	9,48	38,7
2003	17,10	370,0 [1)]	10,86	22,5	9,52	39,4
2004	16,12	356,1 [1)]	11,00	23,0	9,43	39,5
2005	15,41	346,2 [1)]	10,27	22,0	9,05	38,7
2006	15,00	345,5 [1)]	9,51	21,20	8,48	37,0
2007	14,74	349,0 [1)]	9,06	20,80	8,23	36,8
2008 [2)]	14,22	346,8 [1)]	8,07	19,92	7,96	35,4
2009 [2)]	14,57	351,8 [1)]	8,47	20,50	8,28	36,4

Quelle: Eigene Berechnungen (2009).

[1)] *......An dem Jahr 1995 Werte für* **Gesamt***deutschland.*

[2)] *...... Prognose bzw. Schätzwert, da die offiziellen Statistiken noch nicht vorliegen.*

2.2.1 Entwicklung der Schattenwirtschaft in Deutschland von 1975 bis 2009

Betrachtet man zunächst die Entwicklung der Schattenwirtschaft für **Deutschland**, so war diese nach starken Anstiegen bis Anfang dieses Jahrzehnts seit dem Jahr 2003 von 370 Mrd. € bis 2006 auf 345,5 Mrd. € rückläufig. Für das Jahr **2007** wurde erstmals seit drei Jahren wieder ein Anstieg der Schattenwirtschaft gegenüber dem Vorjahr um 3,5 Mrd. € oder 1% auf 349 Mrd. € berechnet; ein wesentlicher Grund dafür war die Mehrwertsteuererhöhung. Da gleichzeitig die offizielle Wirtschaft jedoch mit nominal knapp 3% stärker gewachsen ist als die Schattenwirtschaft, verbesserte sich die Relation aus Schattenwirtschaft und offizieller Wirtschaft auch im Jahr 2007 weiter. Während der Wert der Schattenwirtschaft im Jahr 2003 in Relation zum offiziellen BIP noch 17,1% und in 2006 noch 15,0% ausmachte, lag dieser Wert im Jahr 2007 mit knapp 14,7% sogar erstmals wieder unter dem Wert des Jahres 1998.

Im Jahr 2008 ging die Schattenwirtschaft dank der guten Wirtschaftslage wieder um 2,2 Mrd € zurück. Für das Jahr 2009 erfolgte zum ersten Mal ein Anstieg der Schattenwirtschaft – hauptsächlich aufgrund der Weltwirtschaftskrise und der damit zu erwartenden Rezession in Deutschland. Die detaillierten Ergebnisse sind in Tabelle 2.2 dargestellt

Tabelle 2.2: Die Auswirkungen der Weltwirtschaftskrise/Rezession und einige wirtschaftspolitische Maßnahmen der großen Koalition (Stand März 2009) auf die Schattenwirtschaft im Jahr 2009

Maßnahmen im Jahr 2009	**Zuwachs (+) /Minderung (-) der Schattenwirtschaft**
(1) Weltwirtschaftskrise, BIP Rückgang zwischen 1-2 Prozent und Anstieg der Arbeitslosen um 500.000 bis 1 Million	+ 8.000 bis +12.000 Mio. €
(2) Erhöhung des Beitragssatzes der Krankenversicherung um 0,6 Prozentpunkte auf 15,5 %	+ 500 bis + 800 Mio. €
(3) Senkung des Beitrags zur Arbeitslosenversicherung von 3,3% auf 2,8 %	- 700 bis – 1.200 Mio. €
(4) Erhöhung der steuerlichen Absetzbarkeit von privaten HH-Aufwendungen für Erhaltungs- und Modernisierungsmaßnahmen, Kinderbetreuung von 600 auf 1.200 € pro Jahr pro Haushalt	- 4.000 bis – 6.000 Mio. €
Netto-Effekt für 2009	**+ 3.800 bis + 5.600 Mio. €**

Quelle: Eigene Berechnungen.

Aus ihr geht hervor, dass die Weltwirtschaftskrise mit einem angenommenen BIP-Rückgang in Deutschland von 3 Prozent, und einem Anstieg der Arbeitslosenquote zwischen 500.000 und 1 Million zu einem Anstieg der Schattenwirtschaft zwischen 8 und 12 Milliarden € führte. Ebenso erhöhte sich die Schattenwirtschaft leicht durch die Erhöhung des Beitragssatzes zur Pflegeversicherung um 0,6 Prozentpunkte. Hingegen wirkte sich die Senkung des Beitrages zur Arbeitslosenversicherung von 3,3 auf 2,8 % und die Erhöhung der steuerliche Absetzbarkeit von privaten Haushaltsaufwendungen von 600 auf 1.200 € pro Jahr pro Haushalt negativ auf die Entwicklung der Schattenwirtschaft in einem Volumen von zwischen 4 und 6 Mrd. € aus. Der Nettoeffekt all dieser Maßnahmen führt zu einer Erhöhung der Schattenwirtschaft zwischen 3,8 und 5,6 Mrd. €

2.2.2 Schattenwirtschaft in Österreich und in der Schweiz

In **Österreich** hatte sich die Schattenwirtschaft von 22,5 Mrd. € im Jahr 2003 auf 23,0 Mrd. € im Jahr 2004 erhöht, was einer Steigerung von 2,2% entsprach. Ein wesentlicher Grund für das Anwachsen der Schattenwirtschaft im Jahr 2004 bestand dabei in der anhaltend hohen Belastung durch Steuern und Sozialabgaben im Zuge der einnahmeseitigen Budgetsanierung in Österreich in den letzten Jahren. Im Jahr 2005 erreichte die Schattenwirtschaft in Österreich lediglich ein Volumen von 22,0 Mrd. € – d.h. sie war zum ersten Mal rückläufig und sank um etwa 1 Mrd. €. Der prozentuale Rückgang gegenüber dem Vorjahr betrug 4,35%. Die zentrale Ursache für diesen Rückgang lag in der zu Beginn des Jahres 2005 in Kraft getretenen Steuersenkung. Für 2007 und 2008 zeigten die Berechnungen für Österreich wiederum einen leichten Rückgang der Schattenwirtschaft auf 20,80 (2007) und auf 19,9 (2008) Mrd. € an. In 2009 stieg wegen der eingetretenen Rezession wieder die Schattenwirtschaft auf 20,50 Mrd. € oder 8,5% des offiziellen BIP an.

In der **Schweiz** konnte wie in Österreich erstmals von 2004 auf 2005 ein Rückgang der Schattenwirtschaft beobachtet werden: von 39,5 Mrd. SFR im Jahr 2004 sank das Volumen der Schattenwirtschaft in 2005 auf 38,7 Mrd. SFR oder gut 9% des Bruttoinlandsprodukts und weiter auf geschätzte 37 Mrd. € oder 8,5% des Bruttoinlandsprodukts in 2006. Gründe für den Rückgang waren unter anderem strengere gesetzliche Maßnahmen zur Bekämpfung der Schattenwirtschaft und eine teilweise attraktivere Handhabung von haushaltsnahen Dienstleistungen in der offiziellen Wirtschaft. Im Jahr 2007 und 2008 ging die Schattenwirtschaft wegen der guten Konjunktur und einem Maßnahmenpaket gegen die Schwarzarbeit der Schweizer Bundesregierung zurück; in 2007 auf 36,8 Mrd. CHF und im Jahr 2008 auf 35,4. Wie bei Deutschland und Österreich stieg im Jahr 2009 aufgrund der Wirtschaftskrise die Schattenwirtschaft auf 36,4 Mrd. Franken oder 8,3% des offiziellen BIP an.

2.2.3 Ausmaß der Schattenwirtschaft im internationalen Vergleich

Um einen internationalen Vergleich der Größe der Schattenwirtschaft mit anderen OECD-Länder durchzuführen, sind in Tabelle 2.3 sowie in Abbildung 2.3 (und in Abbildung 2.4 die Veränderungen gegenüber 1997/98) die Schattenwirtschaft von 21 OECD-Ländern bis zum Jahr 2009 aufgeführt

Die Tabelle 2.3 und Abbildung 3.4 zeigen eindeutig, dass die Schattenwirtschaft seit dem Ende der 1990er Jahre bis zum Jahr 2008 in den meisten OECD-Ländern rückläufig war: So betrug der ungewichtete Durchschnitt der Schattenwirtschaft in den 21 OECD-Ländern im Jahr 1999/2000 16,8% und reduzierte sich auf 13,3% im Jahr 2008; d.h. ein Rückgang von immerhin 3,5 Prozentpunkten! Wenn man das Jahr 1997/98 als das Jahr, in dem in den meisten OECD-Ländern die Schattenwirtschaft den höchsten Wert aufwies, heranzieht, dann ist die Schattenwirtschaft in 18 OECD-Ländern kontinuierlich gesunken. Nur in Deutschland, Österreich und der Schweiz hielt der Anstieg der Schattenwirtschaft etwas länger an und war erst seit den Jahren 2003 bzw. 2004 rückläufig. Der Rückgang der Schattenwirtschaft gemessen als Anteil am BIP war von 1997/98 bis 2009 in Italien mit 5,3 Prozentpunkten, in Finnland und Belgien mit 4,7, sowie in Schweden mit je 4,5 Prozentpunkten des BIP am stärksten. Das kontinuierliche Sinken der Schattenwirtschaft in den OECD-Ländern von 1997 bis zum Jahr 2008 hat im Jahr 2009 ein Ende gefunden. Durch das Einsetzen der Weltwirtschaftskrise stieg in allen 21 OECD-Ländern die Schattenwirtschaft. Durchschnittlich betrug sie im Jahr 2009 13,8 Prozent – ein Anstieg um 0,5 Prozentpunkte gegenüber 13,3 des Jahres 2008 – und erreichte damit fast wieder den Wert des Jahres 2007.

Abbildungen 2.3

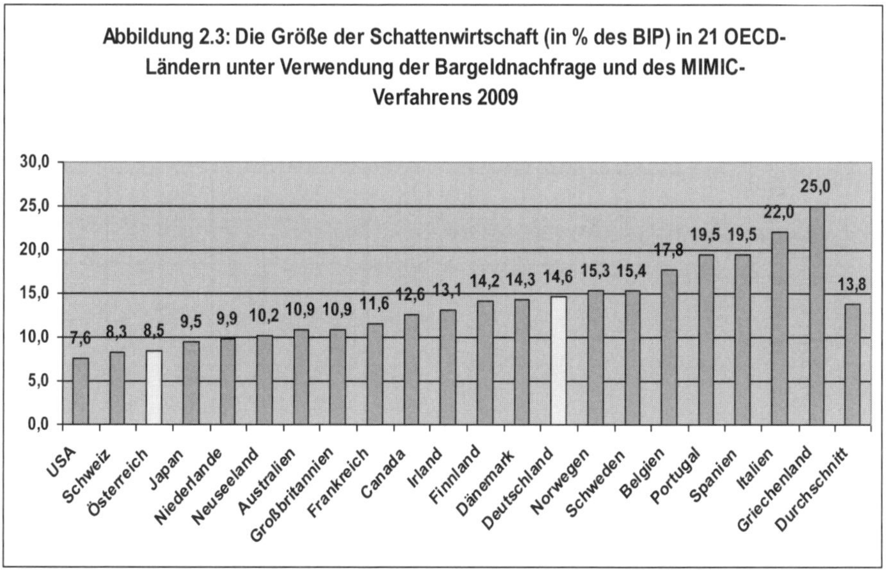

Abbildung 2.4

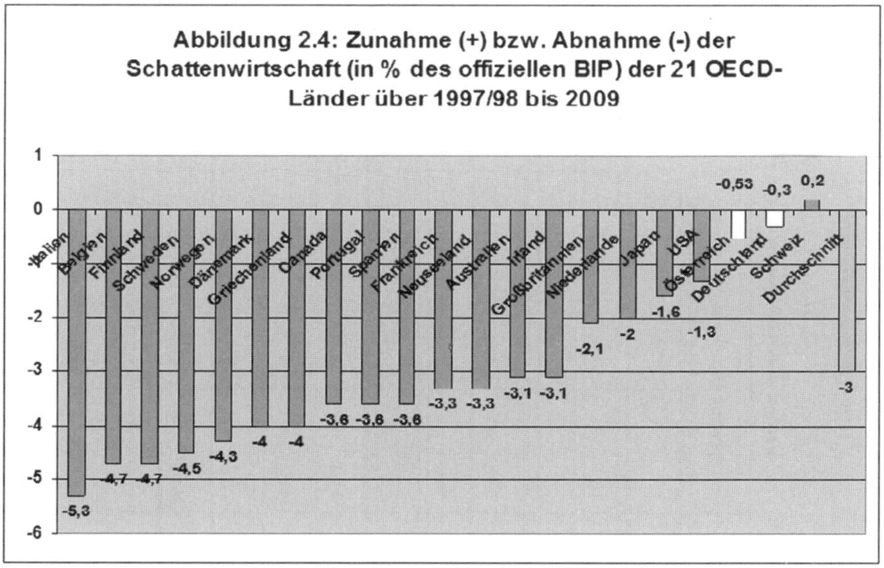

……. *Tabelle 2.3: Die Größe der Schattenwirtschaft in 21 OECD-Ländern von 1989/90 bis 2009*

Die Größe der Schattenwirtschaft (in % des offiziellen BIP)

unter Verwendung des Bargeldnachfrageansatzes und des MIMIC-Verfahrens

OECD-Länder	Durchschnitt 1989/90	Durchschnitt 1994/95	Durchschnitt 1997/98	Durchschnitt 1999/00	Durchschnitt 2001/02	2003	2004	2005	2006	2007	2008[1]	2009[1]
1. Australien	10.1	13.5	14.0	14.3	14.1	13.7	13.2	12.6	11.4	11.7	10.6	10.9
2. Belgien	19.3	21.5	22.5	22.2	22.0	21.4	20.7	20.1	19.2	18.3	17.5	17.8
3. Canada	12.8	14.8	16.2	16.0	15.8	15.3	15.1	14.3	13.2	12.6	12.0	12.6
4. Dänemark	10.8	17.8	18.3	18.0	17.9	17.4	17.1	16.5	15.4	14.8	13.9	14.3
5. Deutschland	11.8	13.5	14.9	16.0	16.3	17.1	16.1	15.4	15.0	14.7	14.2	14.6
6. Finnland	13.4	18.2	18.9	18.1	18.0	17.6	17.2	16.6	15.3	14.5	13.8	14.2
7. Frankreich	9.0	14.5	14.9	15.2	15.0	14.7	14.3	13.8	12.4	11.8	11.1	11.6
8. Griechenland	22.6	28.6	29.0	28.7	28.5	28.2	28.1	27.6	26.2	25.1	24.3	25.0
9. Großbritannien	9.6	12.5	13.0	12.7	12.5	12.2	12.3	12.0	11.1	10.6	10.1	10.9
10. Irland	11.0	15.4	16.2	15.9	15.7	15.4	15.2	14.8	13.4	12.7	12.2	13.1
11. Italien	22.8	26.0	27.3	27.1	27.0	26.1	25.2	24.4	23.2	22.3	21.4	22.0
12. Japan	8.8	10.6	11.1	11.2	11.1	11.0	10.7	10.3	9.4	9.0	8.8	9.5

13. Niederlande	11.9	13.7	13.5	13.1	13.0	12.7	12.5	12.0	10.9	10.1	9.6	10.2
14. Neuseeland	9.2	11.3	11.9	12.8	12.6	12.3	12.2	11.7	10.4	9.8	9.4	9.9
15. Norwegen	14.8	18.2	19.6	19.1	19.0	18.6	18.2	17.6	16.1	15.4	14.7	15.3
16. Österreich	6.9	8.6	9.0	9.8	10.6	10.8	11.0	10.3	9.7	9.4	8.1	8.47
17. Portugal	15.9	22.1	23.1	22.7	22.5	22.2	21.7	21.2	20.1	19.2	18.7	19.5
18. Schweden	15.8	19.5	19.9	19.2	19.1	18.6	18.1	17.5	16.2	15.6	14.9	15.4
19. Schweiz	6.7	7.8	8.1	8.6	9.4	9.5	9.4	9.0	8.5	8.2	7.9	8.3
20. Spanien	16.1	22.4	23.1	22.7	22.5	22.2	21.9	21.3	20.2	19.3	18.7	19.5
21. USA	6.7	8.8	8.9	8.7	8.7	8.5	8.4	8.2	7.5	7.2	7.0	7.6
Ungew. Durchschnitt über 21 OECD Länder	12.7	16.2	16.8	16.8	16.7	16.5	16.1	15.6	14.5	13.9	13.3	13,8

Quelle: Eigene Berechnungen, 2009, (Prof. Dr. Friedrich Schneider, University of Linz, Altenbergerstraße 69, A-4040 Linz/Auhof). [1] *Vorläufige Werte.*

Deutschland liegt mit seiner Größe der Schattenwirtschaft im OECD-Mittelfeld, während sich Österreich und Schweiz im unteren Drittel befinden. Die südeuropäischen Länder haben ein Ausmaß der Schattenwirtschaft zwischen 20 und 25% des offiziellen Bruttoinlandsprodukts und sind nach wie vor Spitzenreiter. Danach folgen die skandinavischen Länder mit einer Schattenwirtschaft zwischen 15 und 16%.

2.3 Aufteilung der Schattenwirtschaft in Sektoren

Für Österreich und Deutschland wurde in Tabelle 3.1 eine Aufteilung der Schattenwirtschaft in Wirtschafts- und Dienstleistungssektoren vorgenommen.

Hierbei sieht man, dass im Jahr 2009 auf das Baugewerbe und das Handwerk etwa 38% des Schattenwirtschaftsvolumens entfallen (39% für Österreich), gefolgt von den Bereichen „Andere Gewerbe und Industriebetriebe" und Dienstleistungsbetriebe (Hotels, Gaststätten, etc.) mit je 17% (16%). In sonstigen Gewerbetrieben und haushaltsnahen Dienstleistungen (wie z.B. Nachhilfe, Friseur oder Babysitten) werden 15% (17%) des Schattenwirtschaftsvolumens, in der Unterhaltungs- und Vergnügungsbranche wurden weitere 13% (12%) erwirtschaftet. In Tabelle 3.2 werden die Schätzergebnisse für den größten Bereich des Baugewerbes und des Handwerks weiter disaggregiert.

Tabelle 3.1: Aufteilung der Schattenwirtschaft in Wirtschafts- und Dienstleistungssektoren in Österreich und Deutschland [1)]

Sektor	**Aufteilung der-Schattenwirt-schaft in Österreich Jahr 2009**		**Aufteilung der Schattenwirt-schaft in Deutschland Jahr 2009**	
	in %	**Mrd. €**	**in %**	**Mrd. €**
Baugewerbe und Handwerksbetrieb (inkl. Reparaturen)	39 %	8,0	38 %	133,7
Andere Gewerbe- und Industriebetriebe (Kfz, Maschinen, etc.)	16 %	3,3	17 %	59,8
Dienstleistungsbetriebe (Hotels, Gaststätten, etc.)	16 %	3,3	17 %	59,8
Unterhaltungs- und Vergnügungsbranche	12 %	2,5	13 %	47,7
Sonstige Gewerbebetriebe und haushaltsnahe Dienstleistungen (Nachhilfe, Friseur, Babysitten)	17 %	3,5	15 %	52,7
Gesamte Schattenwirtschaft	100%	20,5	100%	351,8

[1)] *Quelle: Eigenen Berechnungen (2009).*

Tabelle 3.2: Aufteilung der Schattenwirtschaft im Baugewerbe und in Handwerksbetrieben [1)]

Sektor	**Aufteilung der Schattenwirtschaft im Baugewerbe und in Handwerksbetrieben in Österreich Jahr 2009**		**Aufteilung der Schattenwirtschaft im Baugewerbe und in Handwerksbetrieben in Deutschland Jahr 2009**	
	in %	**Mrd. €**	**in %**	**Mrd. €**
Bauhauptgewerbe	41 %	3,3	35 %	46,8
Baunebengewerbe	30 %	2,4	26 %	34,8
Handwerksbetriebe im Baubereich	16 %	1,3	18 %	24,0
Sonstige Reparaturen (Fernseher, elektr. Geräte, Haushaltsgeräte)	13 %	1,0	21 %	28,0
SUMME Baugewerbe und Handwerksbetriebe (inkl. Reparaturen)	100 %	8,0	100 %	133,7

[1)] *Quelle: Eigene Berechnungen (2009).*

Hierbei sieht man, dass in Deutschland im Bauhauptgewerbe rund 46,8 Mrd. € an Schattenwirtschaftsvolumen anfielen. Für das Baunebengewerbe betrug der Wert 34,8 Mrd. €. Die Handwerksbetriebe im Baubereich erwirtschafteten „schwarz" 24,0Mrd. € und bei sonstige Reparaturen (Fernseher, Haushaltsgeräte, etc.) wurden 28,0 Mrd. € „schwarz" erwirtschaftet.

2.4 Berechnung der „im Schatten arbeitenden" Beschäftigten

Tabelle 4.1 gibt die Ergebnisse einer Abschätzung der Entwicklung der Vollzeit-Inlands-Schwarzarbeiter und der illegalen ausländischen Beschäftigten (nur für Schattenwirtschaftstätigkeit) in Deutschland, Österreich und der Schweiz für den Zeitraum 1995-2009 wieder.[1)]

In Deutschland betrug die fiktive Zahl der Vollzeit-Inlands-Schwarzarbeiter oder Ganztagsschwarzarbeiter im Jahr 1995 7,3 Mio. Personen und erhöhte sich bis zum Jahr 2009 auf 8,27 Mio. Personen. Aber auch die illegal ausländisch Beschäftigten sind für Deutschland eine nicht zu vernachlässigende Größe: Betrug sie im Jahr 1995 878.000 Personen, erhöhte sich dieser Wert bis zum Jahr 2009 auf 968.000 Personen. Ebenso ist der Anstieg der Vollzeit-Inlands-Schwarzarbeiter oder Ganztagsschwarzarbeiter in Österreich beträchtlich: Betrug er 1995 575.000 Personen, so erhöhte sich dieser Wert bis zum Jahr 2009 auf 713.000 Personen. Die Anzahl der illegalen Beschäftigten betrug 1995 75.000 Personen und erhöhte sich bis zum Jahr 2009 auf 98.000 Personen.[2)]

[1)] Die **inländischen Vollzeitschwarzarbeiter** sind eine **fiktive Größe**, die aus den Stunden, die in der Schattenwirtschaft gearbeitet wurden, berechnet wurde. Die illegal ausländischen Beschäftigten stellen eine erste Abschätzung der illegal (**nur für Schattenwirtschaftsaktivitäten**) beschäftigten Ausländer dar. Es sei ausdrücklich darauf hingewiesen, dass zwei Drittel der Wertschöpfung in der Schattenwirtschaft von Deutschen, Österreichern oder Schweizern oder in diesen Länder legal lebenden Ausländern erwirtschaftet werden, so dass die Berechnung der Entwicklung der Vollzeit-Inlands-Schwarzarbeitern nur dazu dient, zu zeigen, wie groß das Volumen an Schwarzarbeit gemessen in Vollzeit-Beschäftigte ist.

[2)] Die illegal Beschäftigten sind hier nur die, die meistens „nur" Schwarzarbeitstätigkeiten nachgehen und nicht z.B. klassisch kriminelle Aktivitäten ausüben.

Tabelle 4.1: Entwicklung der „Vollzeit-Inlands-Schwarzarbeiter" und der illegalen ausländischen Beschäftigten in Deutschland, Österreich und der Schweiz über den Zeitraum 1995 bis 2009[1)]

Jahr	Entwicklung der „Vollzeit-Inlands-Schwarzarbeiter" und der illegalen ausländischen Beschäftigten in 1.000 Personen					
	Deutschland		Österreich		Schweiz	
	Vollzeit-Inlands-Schwarzarbeiter	Illeg. ausländ. Beschäftigte	Vollzeit-Inlands-Schwarzarbeiter	Illeg. ausländ. Beschäftigte	Vollzeit-Inlands-Schwarzarbeiter	Illeg. ausländ. Beschäftigte
1995	7.320	878	575	75	391	55
1996	7.636	939	617	83	426	61
1997	7.899	987	623	86	456	67
1998	8.240	1.039	634	89	462	69
1999	8.524	1.074	667	93	484	74
2000	8.621	1.103	703	99	517	79
2001	8.909	1.149	734	104	543	84
2002	9.182	1.194	746	109	556	88
2003	9.420	1.225	769	112	565	90
2004	9.023	1.103	789	114	560	89
2005	8.549	1.002	750	104	520	82
2006	8.124	952	716	98	493	78
2007	8.206	961	709	97	490	77
2008 [2)]	8.154	955	679	93	471	74
2009[2)]	**8.272**	**968**	**713**	**98**	**484**	**76**

Quelle: Eigene Berechnungen (2009).

[1)] Erläuterungen: **Inländische Vollzeitschwarzarbeiter sind eine fiktive Größe**, die aus den Stunden, die in der Schattenwirtschaft gearbeitet werden, berechnet werden. Die illegal ausländischen Beschäftigten stellen eine erste Abschätzung der illegal (für Schattenwirtschaftsaktivitäten) beschäftigten Ausländer dar.

[2)] Prognose bzw. Schätzwert, da die offiziellen Arbeitsmarkt-Statistiken noch nicht vorliegen.

2.5 Schattenwirtschaft und Korruption

2.5.1 Gründe und Interaktionen

Die möglichen Gründe von Korruption und Schattenwirtschaft sind Gegenstand zahlreicher Studien. Sie zeigen, dass sowohl die Korruption als auch die Schattenwirtschaft stark durch das institutionelle und internationale Umfeld (z.B. die Finanz- und Weltwirtschaftskrise) beeinflusst werden, dass Demokratien durchschnittlich weniger korrupt sind als Diktaturen, Regierungen mit längerer Amtszeit tendenziell korrupter werden und die Einhaltung rechtsstaatlicher Grundsätze die Korruption beschränkt. Das Schattenwirtschaftswachstum geht hauptsächlich auf die negativen Folgen der Weltwirtschaftskrise (steigende Arbeitslosigkeit und sinkende Einnahmen in der offiziellen Wirtschaft) sowie auf eine steigende Abgabenbelastung als auch auf eine sinkende Steuermoral zurück.

Die Schlussfolgerung daraus ist, dass der Abbau der fiskalischen Belastung sowie eine Verbesserung des institutionellen Umfelds sowohl die Korruption als auch die Schattenwirtschaft eindämmen könnte. Diese Sicht vernachlässigt allerdings den Zusammenhang zwischen dem Ausmaß der Korruption und der Größe der Schattenwirtschaft eines Landes. Dieser ist keinesfalls eindeutig. Auf der einen Seite kann die Korruption die unternehmerische Tätigkeit im offiziellen Sektor erschweren und Unternehmen so in die Schattenwirtschaft treiben. Auf der anderen Seite kann Korruption die Umgehung von bürokratischen Hindernissen und hohen Steuerzahlungen ermöglichen, so dass Unternehmen weniger häufig in den inoffiziellen Sektor abwandern.

Was bedeuten diese Ergebnisse nun für die Wirtschaft insgesamt? Hier zeigen die meisten empirischen Studien, dass die Korruption das Wirtschaftswachstum erheblich hemmt. Ein Anstieg des Korruptionsindexes um einen Indexpunkt reduziert das Wachstum in OECD-Ländern um 1,25 Prozentpunkte. Wenn man untersucht, welchen Schaden die Korruption in einer Volkswirtschaft anrichtet, so erhält man für Österreich und Deutschland die folgenden Resultate:

2.5.2 Korruption in Österreich

Nach Dreher, Kotsogiannis und McCorriston (2004)[3] sowie Schneider (2008)[4] beträgt der volkswirtschaftliche Schaden, den die Korruption in Österreich verursacht, im Jahr 2004 22 Mrd. Euro und entwickelt sich wie folgt:

Tabelle 5.1: Entwicklung der Korruption und des Schadens aus der Korruption in Österreich von 2004 bis 2009

Jahr	2004	2005	2006	2007	2008	2009 Prognose/ Annahme über Korruptionsentwicklung
Schaden[1)] in Mrd. Euro	22	21	22	24	23	24
CPI Korruptions-, Transparency Index (je höher, desto geringer die Korruption!)	8,4	8,7	8,6	8,1	8,1	8,0
Rang von Österreich (je tiefer, desto besser!)	13	10	11	13	12	-

Quelle: CPI Transparency, Berlin, 2009 und eigene Berechnungen.

[1)] Volkswirtschaftlicher Schaden (vermindertes BIP), der durch Korruption entsteht.

Dies bedeutet, dass das BIP in Österreich im Jahr 2008 um 22 Mrd. Euro höher wäre, gäbe es keine Korruption. Für 2009 wird angenommen, dass die Korruption zunimmt und der Schaden auf 24 Mrd. Euro steigt. Gelänge es, die Korruption in Österreich auf das Niveau der Schweiz im Jahr 2008 (Rang 4; Wert 9.0) zu reduzieren, dann könnte der Schaden für die österreichische Wirtschaft um 4 Mrd. Euro (von 23 auf 19 Mrd. Euro) reduziert werden.

2.5.3 Korruption in Deutschland

[3] Axel DREHER, , Kotsogiannis CHRISTOS und Steve MC CORRISTON (2004)

[4] Friedrich SCHNEIDER (2009)

Korruption verursachte in der Bundesrepublik Deutschland im Jahr 2008 Kosten in Höhe von circa 261 Milliarden Euro. Der Schaden der Korruption als auch die Korruption selbst haben sich für Deutschland (vgl. Tabelle 5.2) wie folgt entwickelt: Im Jahr 2004 betrug der Schaden 220 Mrd. Euro und der CPI Transparency Index betrug 8,2. Bis zum Jahr 2007 reduzierte sich dieser auf 7,8 (d.h. die Korruption stieg!). Im Jahr 2008 erhöhte sich der Index auf 7,9 (d.h. die Korruption sank) und der Schaden betrug 261 Mrd. Euro, d.h. 7 Milliarden weniger als im Jahr 2007. Im Jahr 2009 wird angenommen, dass die Korruption wieder steigt und der Schaden der Korruption auf 270 Mrd. Euro steigt. Aus Tabelle 1.2 erkennt man, dass ohne Korruption das deutsche Bruttosozialprodukt im Jahr 2008 um 261 Mrd. Euro höher wäre, und gelänge es, die Korruption wieder zurückzufahren, zum Beispiel auf den Wert des Jahres 2004, dann würde der Schaden, den die deutsche Wirtschaft erleidet, um 41 Mrd. Euro sinken. Gelänge es, die Korruption in Deutschland auf das Niveau der Schweiz im Jahr 2008 (Rang 4) mit einem Wert von 9,0 zu reduzieren, dann könnte der Schaden für die deutsche Wirtschaft um 55 Mrd. Euro (von 261 auf 205 Mrd. Euro) reduziert werden.

Tabelle 5.2: Entwicklung der Korruption und des Schadens aus der Korruption in Deutschland von 2004 bis 2009

Jahr	2004	2005	2006	2007	2008	2009
Schaden[1)] in Mrd. Euro	220	230	245	268	261	270
CPI Korruptions-, Transparency Index (je höher, desto geringer die Korruption!)	8,2	8,2	8,0	7,8	7,9	7,8
Rang von Deutschland (je tiefer, desto besser!)	15	16	16	16	14	-

Quelle: CPI Transparency, Berlin 2009, und eigene Berechnungen.

1) Volkswirtschaftlicher Schaden (vermindertes BIP), der durch Korruption entsteht.

2.5.4 *Abschließende Bemerkungen*

Insgesamt sieht man, dass der Schaden, den die Korruption in Österreich und Deutschland anrichtet, beträchtlich ist, und es ein äußerst lohnendes Politikunterfangen wäre, Korruption in beiden Ländern zu verringern. Abschließend noch eine Bemerkung, warum ein Schaden aus Korruption entsteht: Eine wesentliche Ursache des Schadens ist vor allem die verminderte Produktivität der Volkswirtschaft, da viele Firmen ausscheiden, die wegen der Bestechungsaktivitäten ihre Konkurrenten bei der Vergabe öffentlicher (und manchmal auch privater) Aufträge nicht zum Zug kommen. Dies führt zu geringeren Investitionen mit der Konsequenz eines verminderten Wachstums der Volkswirtschaft. Ein zweiter Faktor ist, dass insbesondere gut Ausgebildete und Spezialisten häufig das Land verlassen, da ihre Arbeitsbedingungen nicht mehr attraktiv sind. Ein dritter Punkt ist, dass es zu verminderten Steuereinnahmen kommt, mit dem Effekt geringerer Infrastruktur und dadurch reduziertem Wachstum. Insgesamt gesehen verschlechtert sich durch zunehmende Korruption (vierter Punkt) die Qualität der staatlichen Institutionen, und ebenso wird auch das Gerichts- und Justizsystem in der Qualität, Effizienz und Effektivität leiden.

3 Steuerehrlichkeit, Steuergerechtigkeit und Steuerhinterziehung – Am Beispiel selbstständig Erwerbstätiger in Österreich

von Herbert Schwarzenberger, Martina Hartner, Erich Kirchler, Silvia Rechberger und Lucas Unger

3.1 Zusammenfassung

Selbständig Erwerbstätige haben aufgrund der Tatsache, dass sie ihr Einkommen eigenständig in Form einer Einkommensteuererklärung deklarieren müssen, ungleich mehr Spielraum zur Abgabenverkürzung als Angestellte, die ihr Nettogehalt ausbezahlt bekommen, und stehen daher besonders im Fokus des Interesses der Steuerforschung. Wir beschreiben und diskutieren die Unterschiede im Steuerverhalten und in den Einstellungen zur wahrgenommenen Steuergerechtigkeit österreichischer Selbständiger.

Die Datenerhebung wurde im Rahmen des Forschungsprojekts „SIT-Tax Gerechtigkeit, Normen & Steuern" im Juni 2008 in Form einer repräsentativen Online-Befragung mit IRM (Internet Research Manager) durch das Markt- und Meinungsforschungsinstitut GfK Austria GmbH durchgeführt.

Aufbauend auf der theoretischen Darstellung der Konzepte von Steuerehrlichkeit und Steuergerechtigkeit wird untersucht, inwiefern sich spezifische Gruppen (gebildet anhand soziodemographischer Parameter) von österreichischen Selbständigen in ihren Einstellungen zu den oben erwähnten Konzepten unterscheiden.

Vor allem die Höhe des Einkommens und die politische Orientierung stehen im Zusammenhang sowohl mit der berichteten Steuerehrlichkeit als auch mit der wahrgenommenen Gerechtigkeit. Die berichtete Steuerehrlichkeit ist bei mittleren Einkommenskategorien weniger stark ausgeprägt, obwohl gerade diese Gruppe das Steuersystem als gerechter erlebt als Selbständige mit niedrigerem oder höherem Einkommen. Wer sich der politischen Mitte zuordnet, berichtet von geringerem Gerechtigkeitserleben in Bezug auf Steuern, verhält sich aber steuerehrlicher als Angehörige des politisch linken beziehungsweise rechten Spektrums. Die vorliegende Arbeit liefert relevante Ansatzpunkte für weiterführende Analysen der Wechselwirkung von Steuerverhalten und erlebter Gerechtigkeit.

3.2 Einleitung

Selbständige nehmen in der steuerpsychologischen Forschung eine besondere Rolle ein. Laut Kirchler (2007) erleben sie die Abgabe ihrer Steuern aufgrund der Tatsache, dass diese „aus eigener Tasche" zahlen, als schwerwiegenderen Verlust als Angestellte. Während Angestellte monatlich ihr Nettogehalt ausbezahlt bekommen, nehmen Selbständige und Unternehmer/innen nicht nur das „Bruttogehalt" ein, sondern für den Staat auch die Umsatzsteuer, und müssen am Jahresende „aus eigener Tasche" Steuern zahlen. Das gesamte zu versteuernde Brutto-Einkommen wird als schwer verdientes Eigentum angesehen, während unselbständig Erwerbstätige den abzugebenden Anteil nicht ausbezahlt bekommen und ihn folglich nicht als Teil ihres Einkommens zu erleben scheinen.

Kirchler (2007) postuliert, dass Selbständige und Unternehmer/innen die Steuerpflicht in größerem Ausmaß als Einschnitt in ihre unternehmerische Freiheit wahrnehmen. In seiner Studie über soziale Vorstellungen von Steuern (1999) assoziierten Unternehmer/innen den Begriff „Steuer", im Vergleich zu Beamt/innen, Angestellten, gewerblichen Arbeitnehmer/innen und Student/innen, signifikant häufiger mit Begriffen wie „Bürokratie", „Entmutigung zu arbeiten" und „Begrenzung der unternehmerischen Freiheit".

Aus psychologischer Sicht ist es einerseits interessant, warum Menschen im Allgemeinen und Selbständige im Besonderen unter den gegebenen Rahmenbedingungen (Prüfungswahrscheinlichkeit und Strafausmaß) ehrlich Steuern abführen, obwohl dies durch rationale, ökonomische Überlegungen alleine nicht zu erwarten ist (Baldry,

1987). Andererseits ist es von Bedeutung herauszufinden, welche Überlegungen und Mechanismen unehrlichem Steuerverhalten zugrunde liegen.

Besonderes Augenmerk wird in dieser Arbeit auf die erlebte Gerechtigkeit im Steuerkontext gelegt. Es soll überprüft werden, wie diese von Selbständigen wahrgenommen wird und welche Aspekte des weiter unten beschriebenen Konzepts der Steuergerechtigkeit besonders zum Tragen kommen.
Wer sind die österreichischen Selbständigen, wie nehmen sie sich selbst wahr und welche Einstellungen und Gerechtigkeitswahrnehmungen liegen ihrem Steuerverhalten zugrunde?

Im Folgenden werden die in der Studie verwendeten theoretischen Konzepte zu Steuerehrlichkeit und Steuergerechtigkeit dargestellt. Nach einer detaillierten Beschreibung der österreichischen Selbständigen hinsichtlich sozidemographischer Parameter folgt eine „Selbstdarstellung" anhand der sozialen Vorstellungen der Befragten zum typischen Selbständigen versus zur/zum typischen Österreicher/in. Die berichtete Steuerehrlichkeit und die wahrgenommene Steuergerechtigkeit wird durch einen Mittelwertsvergleich der spezifischen Gruppen, gebildet auf Basis soziodemographischer Parameter, dargestellt und analysiert. Abschließend wird der Frage nachgegangen, inwieweit sich die erlebte Steuergerechtigkeit von selbständig Erwerbstätigen auf deren Steuerverhalten auswirkt.

3.3 Theoretische Grundlagen

3.3.1 Steuerehrlichkeit

Steuerehrlichkeit ist das ehrliche Abführen der Steuern entsprechend der Formulierung und dem Gedanken der Steuergesetzgebung (Kirchler, 2007). James und Alley (2002) definieren Steuerehrlichkeit als konformes Verhalten gegenüber den Steuerbehörden und der Gesellschaft.

Während auf der einen Seite kooperatives Verhalten mit der Steuerbehörde, beziehungsweise mit der Gesellschaft beobachtet wird, stellen Steuerhinterziehung und Schattenwirtschaft globale Phänomene dar (Braithwaite, Schneider, Reinhart, & Murphy, 2003).

Warum aber hinterziehen Menschen Steuern? Erklärungsansätze dafür liefern sowohl die Ökonomie als auch die Sozialpsychologie. Die ökonomische Perspektive betrachtet Steuerzahler/innen als rational denkende und handelnde Akteure, die zum alleinigen Zweck der Nutzen- und Gewinnmaximierung handeln. Sie zahlen demnach nur dann Steuern, wenn die Kosten der Steuerhinterziehung gegenüber den zu erwartenden Vorteilen überwiegen (Allingham & Sandmo, 1972).

Die sozialpsychologische Perspektive berücksichtigt weitere Aspekte, wie soziale Vorstellungen (soziale Repräsentationen) von Steuern im Allgemeinen, von politischen Autoritäten und von Steuerbehörden, sowie persönliche, soziale und nationale Normen, Gerechtigkeitsüberlegungen, Motivation und persönliche Charakteristika (Kirchler, 2007). Der Aspekt der Gerechtigkeit steht im Fokus dieses Artikels und wird unter Punkt 3.2 ausführlich behandelt.

3.3.1.1 Unehrliches Steuerverhalten

Unehrliches Steuerverhalten wird im Wesentlichen durch zwei Dimensionen charakterisiert. *Steuerhinterziehung* ist der illegale Versuch, die eigene Steuerlast zu reduzieren. Möglichkeiten der illegalen Reduktion sind beispielsweise die unvollständige Angabe des Einkommens oder ungerechtfertigte Abschreibungen im Zuge der Steuererklärung (Lea, Tarpy & Webley, 1987). *Steuervermeidung* ist die geschickte Anwendung von Grauzonen oder Lücken in der Steuergesetzgebung, um legal Steuern zu reduzieren (Webley, 2004).

Neben der Verringerung der eigenen Lohn- oder Einkommenssteuer gibt es im Rahmen von *Schwarzarbeit* die Möglichkeit, illegal die erforderliche Steuerlast anderer Personen zu reduzieren. Wer Personen beschäftigt, ohne sie anzumelden, reduziert zwar nicht die eigene Steuerlast, jedoch wird das Steueraufkommen im Staat insgesamt geschmälert (Sandmo, 2003).

3.3.1.2 Freiwillige versus erzwungene Steuerehrlichkeit

Kirchler (2007) und Kirchler, Hölzl und Wahl (2008) haben ein dynamisches Modell, das *Slippery-Slope-Modell*, zum Steuerverhalten entwickelt, in welchem auf der Seite der Steuerzahler/innen zwischen freiwilligem und erzwungenem Steuerverhalten und auf der Seite der Steuerbehörde zwischen Vertrauen und Macht unterschieden wird.

Freiwillige Steuerehrlichkeit ist dann gegeben wenn man Steuern zahlt ohne darüber nachzudenken, wie man diese reduzieren könnte. Diese Dimension steht im Zusammenhang mit dem Konzept Vertrauen und ist durch die Grundannahme gekennzeichnet, dass die Steuerbehörde den/die Steuerzahler/in respektvoll behandelt (vgl. Bergman, 2002; Feld & Frey, 2005a; Frey, 2003).

Zahlt man hingegen Steuern, weil man der Meinung ist, dass sich Hinterziehung nicht auszahlt, da die Steuerbehörde sehr genau prüft, wird von *erzwungener Steuerehrlichkeit* gesprochen. Diese Dimension der Steuerehrlichkeit wird von der wahrgenommenen Macht der Behörden geprägt. Man geht davon aus, dass die Steuerbehörde über umfangreiche Mittel verfügt, die Bürger/innen zur Steuerehrlichkeit zu zwingen (vgl. Braithwaite & Wenzel, 2007; Kramer; 1999).

3.3.1.3 Selbständigkeit und Steuerverhalten

Selbständige und Unternehmer/innen erleben Steuern häufiger als Verlust, als Angestellte und fühlen sich in ihrer unternehmerischen Freiheit eingeschränkt, was Reaktanz zur Folge haben kann (Kirchler, 2007). Menschen reagieren bei vorhandenem oder erlebtem Freiheitsverlust mit Reaktanz und sind bestrebt, ihre Freiheit wieder herzustellen (Brehm, 1966).

Laut Reaktanztheorie kann man Freiheit wiedererlangen, indem man entgegen den geforderten Standards handelt. Im Steuerkontext führt das zu negativen Einstellungen gegenüber dem Staat und dem Steuersystem und hat Steuerhinterziehung und -vermeidung zur Folge (Pelzmann, 1985). Da Selbständige und Unternehmer/innen zudem einen größeren Spielraum haben, um Steuern zu umgehen beziehungsweise zu hinterziehen, ist anzunehmen, dass dies verstärkt zu unehrlichen Verhaltenstendenzen führt.

Das Wissen über die Steuerpflichten und -rechte ist eine weitere wesentliche Determinante im Steuerkontext. Je größer das Wissen über Steuern, desto positiver sind die Meinungen und Einstellungen dazu. Auch die sozialen Normen und Überzeugungen an ein gerechtes Steuersystem sind dann höher und die abschreckende Wirkung von Sanktionen bei Hinterziehung ist stärker ausgeprägt (Webley, 2004).

Die Möglichkeit zur Hinterziehung ist eine der wichtigsten Determinanten in Bezug auf unehrliches Steuerverhalten, wie eine Reihe von Forschungsarbeiten belegt (vgl. Antonides & Robben, 1995; Groenland & van Veldhoven, 1983; King & Sheffrin; 2002; Robben et al., 1990b; Vogel, 1974; Webley et al., 1991). Im Zuge der jährlichen Einkommenssteuererklärung bieten sich unmittelbare Gelegenheiten für Steuerhinterziehung beziehungsweise Vermeidung. Die Gruppe der Selbständigen und Unternehmer/innen ist aus diesem Grund empfänglicher für unehrliches Steuerverhalten als die jene der Angestellten.

Kirchler (2007) fasst zusammen, dass die Bereitschaft zu Steuerhinterziehung und Steuervermeidung bei den Selbständigen und Unternehmer/innen signifikant höher als bei den Angestellten ist. Das muss jedoch nicht zwangsläufig als absichtlicher Akt des Betrugs angesehen werden. Oft fehlt es schlicht an Wissen und Kompetenz, die eigenen Steuern korrekt abzuführen. Diese spezifische Erfahrung im Umgang mit dem Steuersystem fehlt offenbar vor allem in den ersten Jahren der selbständigen Erwerbstätigkeit. Mit zunehmendem Alter sowie zunehmender Erfahrung und Vertrauen in die eigene Wirtschaftlichkeit nimmt dieser Effekt wieder ab (Kirchler, 1999; Tittle, 1980; Vogel; 1974).

Aus diesen Erkenntnissen lässt sich die Notwendigkeit eines informativen und unterstützenden Umgangs der Steuerbehörde gegenüber ihren Kund/innen ableiten. Verschiedene Gruppen von Steuerzahler/innen brauchen verschiedene Behandlung (Granger, 2005). Von einem polarisierenden „Katz und Maus Spiel“ zwischen Behörde und Steuerzahler/in ist daher eindeutig abzuraten.

3.3.2 Gerechtigkeit

Gerechtigkeit ist eine der häufigsten Assoziationen, wenn Menschen über das Steuersystem befragt werden (V. Braithwaite, 2003c; Taylor, 2003). In den letzten Jahren hat die wissenschaftliche Auseinandersetzung mit Gerechtigkeit und Fairness im Steuerkontext deutlich zugenommen (Kirchler, 2007), jedoch zeigen sich keine einheitlichen Ergebnisse (Antonides & Robben, 1995; Brooks & Doob, 1990; Thorndike & Ventry, 2002).

Kirchler (2007) argumentiert, dass diese Inkonsistenzen nicht überraschend zustande kommen, da keine einheitlichen Konzepte von Gerechtigkeit und Fairness in der wissenschaftlichen Forschung eingesetzt werden. Wenzel (2003) liefert in seiner Forschungsarbeit ein konzeptuelles System von Gerechtigkeit, das sich an Unterscheidungen aus der sozialpsychologischen Gerechtigkeitsforschung orientiert.

In der vorliegenden Studie wird die Gerechtigkeitswahrnehmung in Anlehnung an Wenzel in ihrer gesamten Breite erfasst. Dabei wurden österreichische Selbständige hinsichtlich distributiver, prozeduraler (Mitsprache im Steuerkontext, interpersonelle und informationelle Gerechtigkeit), retributiver und restaurativer Gerechtigkeitswahrnehmungen, sowie zum Konzept der Vorteilhaftigkeit im Kontext des österreichischen Steuergesetzes befragt.

3.3.2.1 Distributive Gerechtigkeit

Laut Cropanzano und Ambrose (2001) versteht man unter *distributiver Gerechtigkeit*, die wahrgenommene (Verteilungs-)Gerechtigkeit im Zuge des Erhalts von Ressourcen verstanden. Die Literatur zur Steuerforschung unterscheidet bei distributiver Gerechtigkeit zwischen vertikaler und horizontaler Gerechtigkeit sowie Exchange-Fairness (vgl. Kinsey & Grasmick, 1993). Vertikale Gerechtigkeit bedeutet, dass Steuerpflichtige mit unterschiedlicher Leistungsfähigkeit einen entsprechend unterschiedlichen Steueranteil tragen sollten. Unter horizontaler Gerechtigkeit versteht man, dass Steuerpflichtige mit gleicher Leistungsfähigkeit den gleichen Steuerbetrag zahlen. Die Exchange-Fairness beschreibt letztlich den gerechten Austausch zwischen gezahlten Steuern und erhaltenen Leistungen vom Staat (Wenzel, 2003).

Im Kontext des Steuerverhaltens von selbständig Erwerbstätigen bezieht sich distributive Gerechtigkeit in erster Linie auf die Wahrnehmungen der Steuerzahler/innen, dass das Verhältnis zwischen ihrem Steuerbeitrag und den bezogenen Leistungen aus dem System ausgewogen ist (Kirchler, 2007).

3.3.2.2 Prozedurale Gerechtigkeit

Prozedurale Gerechtigkeit bezieht sich auf die erlebte Gerechtigkeit, die Entscheidungsprozesse betreffend (Lind & Tyler, 1988). Diese ist dann gegeben, wenn es Verfahren gibt, die bestimmte normativ akzeptierte Prinzipien berücksichtigen (Cohen-Charash & Spector, 2001).

Leventhal (1980) formulierte sechs fundamentale Regeln, die bei Verfahrensgerechtigkeit gegeben sein müssen. Diese Regeln sind in der Gerechtigkeitsforschung weitgehend anerkannt. Ein Verfahren wird demnach als gerecht beurteilt, wenn es konsistent, unvoreingenommen und genau ist, wenn es Korrekturmöglichkeiten bietet, repräsentativ und ethisch vertretbar ist.

3.3.2.3 Mitsprache

Das Konzept der *Mitsprache* (voice) bezeichnet im Rahmen der Gerechtigkeitsforschung die Möglichkeit den eigenen Standpunkt nach einer Entscheidung, welche möglicherweise wenig vorteilhaft für die eigene Person ausgefallen ist, darzulegen und klar zu machen. Diese Möglichkeit ist einerseits eine Art Prozesskontrolle (Thibaut & Walker, 1975), indem dadurch Einfluss auf die Entscheidung genommen werden kann. Andererseits haben Studien gezeigt, dass alleine die Möglichkeit, seinen Standpunkt zu erläutern, auch ohne Einflussnahme auf die Entscheidung, dazu beiträgt, dass ein Verfahren gerechter erlebt wird (Tyler, 1987).

3.3.2.4 Interaktionale Gerechtigkeit

Unter *interaktionaler Gerechtigkeit* versteht man die als gerecht empfundene Behandlung durch Autoritäten. Diese Form der Verfahrensgerechtigkeit unterscheidet zwischen interpersoneller und informationeller Gerechtigkeit (Cropanzano, Bowen & Gilliland, 2007).

Werden Mitarbeiter/innen von Autoritätspersonen mit Würde und Respekt behandelt, liegt *interpersonelle Gerechtigkeit* vor (Cropanzano, Prehar & Chen, 2002). Im aktuellen Forschungskontext kann das auf die Behandlung der Steuerzahler/innen durch die Mitarbeiter/innen der Finanzämter umgelegt werden.

Der zweite Aspekt der interaktionalen Gerechtigkeit, die *informationelle Gerechtigkeit*, ist dann gegeben, wenn den Steuerzahler/innen bedeutsame Informationen mitgeteilt und Erklärungen und Begründungen für die Entscheidungen geliefert werden (Cropanzano, Prehar & Chen, 2002).

3.3.2.5 *Retributive Gerechtigkeit*

Werden Regeln und Normen in Bezug auf das Steuersystem verletzt, treten Sanktionen in Kraft. Die *retributive Gerechtigkeit* beschäftigt sich mit der Frage, inwieweit diese als gerecht erlebt werden (Wenzel, 2003). Konkret geht es darum, ob, auf welche Art und wie hart jemand bestraft werden sollte, der einen Regelverstoß begangen hat (Tyler, Boeckman, Smith & Huo, 1997). Diese Perspektive der Vergeltung (retribution) geht davon aus, dass die Strafe proportional zum Schweregrad des Verbrechens beziehungsweise zum Schaden sein sollte (Carlsmith, Darley & Robinson, 2002; Carlsmith, 2006; Darley & Pittman, 2003; McFatter, 1982; von Hirsch, 1981; Warr, Meier & Erickson, 1983; Wenzel, Okimoto, Feather & Platow, 2008).

Retributive Gerechtigkeit beruht auf folgenden Annahmen: Das Prinzip der verdienten Strafe besagt, dass Gerechtigkeit durch die einseitige Auferlegung einer Sanktion für den/die Täter/in automatisch wieder hergestellt wird (Wenzel & Thielmann, 2006). Der Aspekt der Degradierung der/des Täterin/Täters basiert darauf, dass sich ein/e Täter/in durch seine/ihre Regelübertretung gegenüber Opfer und Gesellschaft in eine vorteilhafte Position (zum Beispiel hinsichtlich materieller Ressourcen) gebracht hat. Diesen Status muss er/sie wieder verlieren, damit die Balance zwischen Täter/in und Opfer und/oder Gesellschaft wieder hergestellt werden kann (Miller & Vidmar, 1981; Wenzel, Okimoto, Feather & Platow, 2008). Einen weiteren Aspekt der retributiven Gerechtigkeit stellt die Strafhärte dar.

3.3.2.6 *Restaurative Gerechtigkeit*

Bei der *restaurativen Gerechtigkeit* geht es um die Wiederherstellung des sozialen Konsenses über die gültigen sozialen Werte und Normen, die durch einen Regelverstoß verletzt wurden (value restoration; Wenzel & Thielmann, 2006). Dieses Konzept zielt darauf ab, dass der/die Täter/in seine/ihre Verantwortung anerkennt und sich zu den verletzten Normen und Werten bekennt (Wenzel, Okimoto, Feather & Platow, 2008). Die Wiederherstellung der sozialen Werte und Normen, die durch Steuerhinterziehung verletzt wurden, kann sowohl auf der Ebene der/des Täterin/Täters als auch auf der Ebene der Gesellschaft erfolgen (Okimoto & Wenzel, 2008).

Besonders dann, wenn man davon ausgeht, dass Steuerhinterziehung gesellschaftliche Werte bedroht, sollten restaurative Maßnahmen zur Wiederherstellung der Gerechtigkeit bevorzugt werden (Wenzel & Thielmann, 2006). Wird durch Steuerhinterziehung der Status der ehrlichen Steuerzahler/innen bedroht, könnte durch retributive Maßnahmen die Wiederherstellung der Gerechtigkeit erzielt werden.

3.3.2.7 Vorteilhaftigkeit

Die *Vorteilhaftigkeit* (outcome favorability) gibt an, ob ein Ereignis für die eigene Person als vorteilhaft wahrgenommen wird, unabhängig davon, ob ein möglicher Anspruch gerechtfertigt war („...refers to whether one receives a positive rather than a negative result.“; Skitka, Winquist & Hutchinson, 2003). Dieses Konzept ist aus der vorliegenden Sicht vor allem in Bezug auf die Steuerlast, die staatlichen Gegenleistungen und im Hinblick auf die Möglichkeiten einer Reduktion der Steuern (legal oder illegal) von Bedeutung.

3.4 Empirische Studie

3.4.1 Datenerhebung und Beschreibung der Stichprobe

Die Datenerhebung zur vorliegenden Studie erfolgte im Juni 2008 durch eine repräsentative Online-Befragung mit IRM (Internet Research Manager) durch das Markt- und Meinungsforschungsinstitut GfK Austria GmbH. Aus einem Panel von über 30.000 Personen, die bereits an Repräsentativerhebungen teilgenommen hatten, wurden 3600 Teilnehmer/innen identifiziert, die den gewünschten Kriterien (Österreicher/innen, Selbständige und Steuerpflichtige) entsprachen. Daraus wurden zufällig 1729 ausgewählt, die via E-Mail kontaktiert und zur Teilnahme an der Online-Befragung eingeladen wurden. Für ihre Beteiligung an der Umfrage wurden sie entsprechend entlohnt.

Von den 523 Personen, die den Fragebogen vollständig ausgefüllt hatten, wurden 47 ausgeschlossen, da sie nicht der Zielgruppe angehörten. Die Daten von den verbleibenden 476 österreichischen Selbständigen wurden für die statistischen Auswertungen herangezogen. *Tabelle 1* gibt einen Überblick über die demographische Zusammensetzung der Stichprobe.

Zur Beurteilung der Repräsentativität, hinsichtlich der Gesamtpopulation der Selbständigen in Österreich, wurde die Stichprobe in Bezug auf Geschlecht, Alter und Bundesland mit Daten von Selbständigen der Statistik Austria Mikrozensus-Arbeitskräfteerhebung (2006) verglichen. Diese Daten basieren auf den Angaben von 81.000 Haushalten in Österreich.

Berücksichtigt man die drei verfügbaren Vergleichsdimensionen – Geschlecht, Alter und Bundesland – stellt die gezogene Stichprobe insgesamt ein repräsentatives Abbild der Selbständigen in Österreich dar (Rechberger, Hartner & Kirchler, 2009). Für die verbleibenden soziodemographischen Parameter liegen keine Vergleichsdaten vor.

Tabelle 1: Demographische Zusammensetzung der Stichprobe verglichen mit den verfügbaren Daten der Mikrozensus-Arbeitskräfteerhebung (2006)

	Repräsentative Studie GfK Austria GmbH (2008)		**Statistik Austria - Mikrozensus-Arbeitskräfteerhebung (2006)**	
Spezifische Gruppen	**Häufigkeit**	**Prozent**	**Häufigkeit**	**Prozent**
Selbständige Österreicher/innen Gesamt	476	100.00	473304	100.00
Selbständige nach Geschlecht				
Männer	327	68.70	308016	65.08
Frauen	149	31.30	165288	34.92
Selbständige nach Altersgruppe				
Bis 39 Jahre	151	31.72	149200	30.98
40 bis 49 Jahre	155	32.56	168300	34.95
Über 49 Jahre	170	35.71	162900	33.83
Selbständige nach Regionen				
Westen (T, V, S)	70	14.71	75761	19.54
Norden (O, N)	147	30.88	144159	37.19
Südosten (B, St, K)	127	26.68	99109	25.57
Wien	132	27.73	68605	17.70
Selbständige nach Beruf				
Freie Berufe (Ärzt/innen, Notar/innen, etc.)	175	36.76		
Inhaber/innen von größeren Unternehmen	30	6.30		
Inhaber/innen von kleineren Unternehmen	271	56.93		

Selbständige nach Branche		
Gewerbe	80	16.81
Tourismus	22	4.62
Handel	54	11.34
Dienstleistungen	307	64.50
Sonstige Branchen	13	2.73
Selbständige nach Ausbildung		
Pflichtschule/Lehre	123	25.84
Matura	185	38.87
Hochschule	168	35.29
Selbständige nach Einkommen		
Bis € 10.000	51	10.71
€ 10.001 bis € 30.000	158	33.19
€ 30.001 bis € 50.000	110	23.11
€ 50.001 bis € 100.000	91	19.12
Über € 100.000	38	7.98
Fehlende Angaben	88	5.88
Nach politischer Orientierung		
Links	134	28.15
Mitte	233	48.95
Rechts	106	22.27
Fehlende Angaben	3	0.63

3.4.2 *Soziale Vorstellungen zu Selbständigen und Österreicher/innen*

Welche Eigenschaften und Einstellungen zeichnen typische Selbständige und typische Österreicher/innen aus? Die Stichprobe soll an dieser Stelle auch anhand dieser Charakterisierung beschrieben werden.

Von Interesse ist dabei, welche sozialen Vorstellungen die Befragten (österreichische Selbständige) allgemein über Selbständige und über Österreicher/innen haben. Zu deren Erfassung wurde die Methode des Polaritätenprofils von Peabody (1985) herangezogen. Zusätzlich zu den von Peabody standardisierten Eigenschaftswörtern wurden drei weitere Dimensionen hinzugefügt, die speziell für den Steuerkontext geeignet erscheinen. Poschalko (2007) erfragte die verwendeten Eigenschaftswörter mit Hilfe der Methode des freien Assoziierens in Bezug auf Selbständige und Österreicher/innen. Aus den erhaltenen Assoziationen wurden schließlich jene herausgegriffen, die sich besonders geeignet für den Steuerkontext erwiesen.

Anhand von *Abbildung 1* werden die Unterschiede österreichischer Selbständiger hinsichtlich der für sie relevanten sozialen Kategorien „Selbständige" und „Österreicher/innen" deutlich. Typische Selbständige beschreiben sich unter anderem als fleißiger und intelligenter als der/die durchschnittliche, österreichische Bürger/in. Darüber hinaus erleben sie sich als selbstsicherer, energischer, bestimmter und kühner. Gemäß der Beschreibung sind typische Selbständige auch unabhängiger und verantwortungsbewusster.

Die beschriebenen sozialen Vorstellungen zum/zur typischen österreichischen Selbständigen sind den vorliegenden Ergebnissen zu Folge durchwegs positiver, als jene für den/die typische/n Österreicher/in. Man sieht „sich" lediglich als unerbittlicher, aggressiver und egoistischer als der/die „Durchschnittsbürger/in", wobei sich die Frage stellt, ob es sich dabei aus Sicht der Selbständigen um negative Eigenschaften handelt.

Abbildung 1: Soziale Vorstellungen österreichischer Selbständiger über die Gruppe der Selbständigen und der Österreicher/innen insgesamt

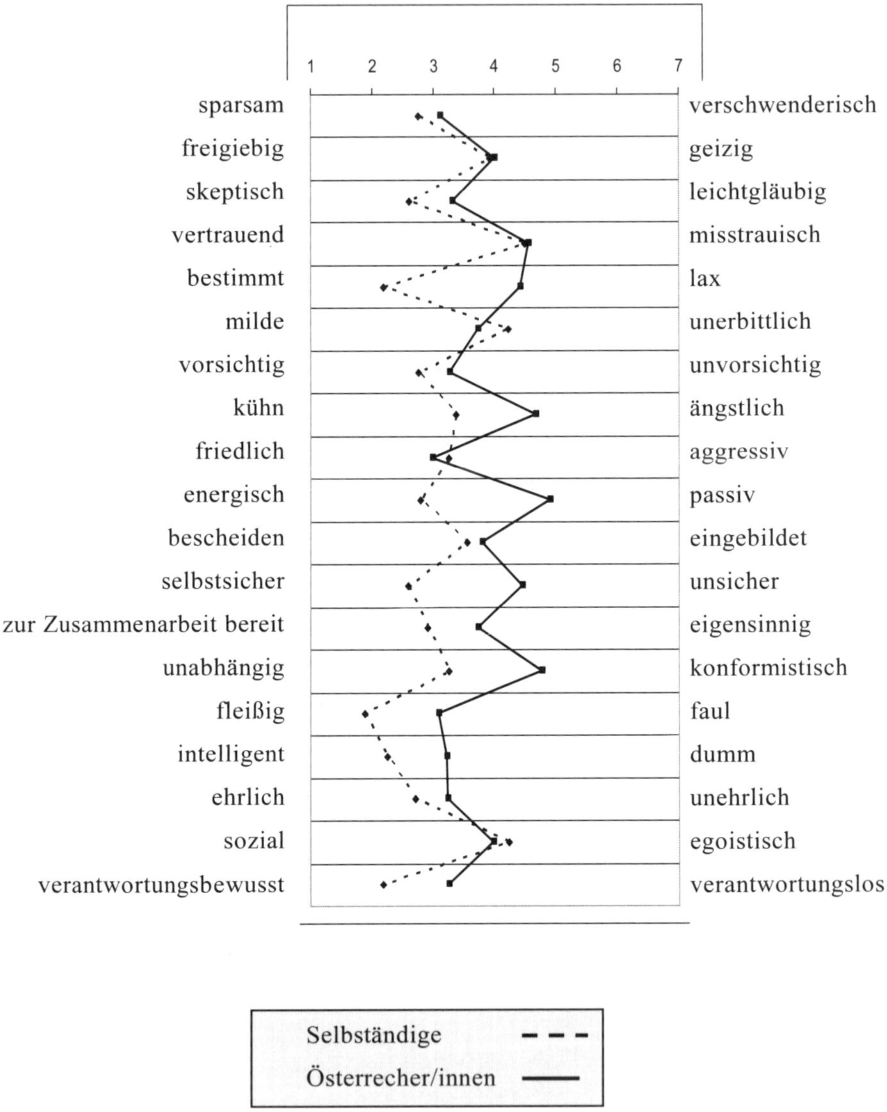

3.4.3 Material

3.4.3.1 Fragebogen

Untersucht wurden die oben beschriebenen Konzepte zur Steuerehrlichkeit und zur Steuergerechtigkeit. Als Antwortformat wurde eine 7-stufige Skala von 1 (stimme gar nicht zu) bis 7 (stimme völlig zu) gewählt.

Der gesamte Fragebogen zur Erhebung sowie dessen Beschreibung liegt in Rechberger, Hartner und Kirchler (2009) vor. Im Folgenden wird der Fragebogen anhand von einzelnen Items exemplarisch dargestellt. Die Variablen zur Steuerehrlichkeit wurden jeweils so konzeptualisiert, dass ein hoher Wert für ehrliches Verhalten steht. Zum Beispiel bedeutet ein hoher Wert in der Kategorie Steuerehrlichkeit (Hinterziehung), dass keine oder wenig Steuerhinterziehung berichtet wurde. Dies gilt auch für alle anderen Konzepte zur Steuerehrlichkeit.

Steuerehrlichkeit (Gesamt): In dieser Kategorie sind alle hier aufgelisteten Konzepte zur Steuerehrlichkeit in einer Variable zusammengefasst.

Fragen zum Konzept *Steuerehrlichkeit (Hinterziehung)* lauteten wie folgt: *„Ich gebe meine gesamten Einnahmen in meiner Steuererklärung an."*

Weiter wurde die Variable *Steuerehrlichkeit (Vermeidung)* erhoben. Dabei wurden Fragen, wie folgende verwendet: *„Ich versuche, innerhalb der vorhandenen legalen Möglichkeiten Steuern zu sparen."* [reversed]

Für das Konzept der *Steuerehrlichkeit (Schwarzarbeit)* wurden Fragen, wie folgende gestellt: *„Ich lasse handwerkliche Tätigkeiten auch ohne Rechnung verrichten."* [reversed]

Das Steuerverhalten der österreichischen Selbständigen wurde auch anhand von zu bewertenden, vorgegebenen Szenarien – *Steuerehrlichkeit (Szenarien)* – ermittelt. Die Fragestellungen dazu lauteten zum Beispiel: *„Sie sind selbständig und Ihr Geschäft gut läuft. Jetzt ist es Zeit, Ihre Steuererklärung zu machen. Dabei rufen Sie sich das vergangene Jahr in Erinnerung und überlegen nun, wie Sie sich in der folgenden Angelegenheit verhalten werden. Sie sind mehrere Male mit Freunden Essen gegangen und haben die Belege noch. Es besteht die Möglichkeit, diese Essen steuerlich abzusetzen, indem Sie sie als Ge-*

schäftsessen deklarieren. Wie wahrscheinlich ist es, dass Sie das Essen mit Freunden absetzen?"

Die Ergebnisse zur *Freiwilligen Steuerehrlichkeit* wurden anhand von Fragestellungen wie folgender erhoben: *„Für mich ist es selbstverständlich, meine Steuern zu zahlen."*

Für das Konzept der *Erzwungenen Steuerehrlichkeit* kamen Fragen wie – *„Ich zahle meine Steuern, weil das Risiko einer Prüfung zu hoch ist."* – zum Einsatz.

Auch für die erhobenen Konzepte zur Steuergerechtigkeit soll die verwendete Erhebungsmethode anhand einzelner Items exemplarisch dargestellt werden.

Die *distributive Gerechtigkeit* wurde anhand von Fragen erhoben wie: *„Die Höhe der Steuern, die Selbständige zu zahlen haben, ist gerecht."*

Die Erhebung des Konzepts der *prozeduralen Gerechtigkeit* basiert auf Fragen wie folgender: *„Die Entscheidungsprozesse und Steuerprüfungen des Finanzamts sind gerecht."*

Bei der Befragung zur *Mitsprache* im Steuerkontext kamen Fragestellungen wie – *„Ich persönlich habe die Möglichkeit, meine Situation vor den Finanzbehörden zu argumentieren."* – zum Einsatz.

Fragen zur Erhebung der *interpersonellen Gerechtigkeit* lauteten unter anderem folgendermaßen: *„Die Mitarbeiter/innen (Sachbearbeiter/innen, Prüfer/innen, etc.) des Finanzamts behandeln Steuerzahler/innen respektvoll."*
Die *informationelle Gerechtigkeit* wurde anhand Fragestellungen wie folgender erhoben: *„Die Mitarbeiter/innen (Sachbearbeiter/innen, Prüfer/innen, etc.) des Finanzamts geben bei Fragen bereitwillig Auskunft."*

Die Befragung zur *retributiven Gerechtigkeit* erfolgte durch Fragen wie folgender: *„Das Österreichische Rechtssystem sollte so sein, dass Steuerhinterzieher/innen vor weiteren derartigen Vergehen abgehalten werden."*

Für das Konzept der *restaurativen Gerechtigkeit* wurden Daten unter anderem durch Fragen wie – *„Das österreichische Rechtssystem sollte so sein, dass alle Österreicher/innen die Werte und Regeln lernen können, auf denen das österreichische Steuersystem basiert."* – erhoben.

Die Kategorie der *Vorteilhaftigkeit* wurde erhoben mittels Fragen wie zum Beispiel: *„Im Vergleich zum/zur durchschnittlichen Steuerzahler/in habe ich mehr Möglichkeiten, legal Steuern zu reduzieren."*

3.4.3.2 Vergleichsgruppen

Die Vergleichsgruppen wurden anhand soziodemographischer Parameter gebildet. Neben einem geschlechtsspezifischen Vergleich, wurden Altersgruppen gebildet und nach regionalen Kriterien differenziert. Weitere Untergruppen wurden nach Beruf und Branche und anhand der Ausbildung gebildet. Dazu wurden noch Einkommensgruppen miteinander verglichen sowie abschließend hinsichtlich politischer Orientierung differenziert.

Insgesamt haben mehr *Männer* (n = 327) als *Frauen* (n = 149) an der vorliegenden Befragung teilgenommen.

Eine hohe Anzahl der befragten Selbständigen war zwischen 40 und 49 Jahre alt, diese Verteilung entspricht weitgehend jener in der Gesamtpopulation der selbständigen Österreicher/innen. Um drei annähernd gleich große Gruppen zu bilden, wurde diese zu einer eigenen Kategorie zusammengefasst (Gruppe *„40 bis 49 Jahre"*; n = 155). Die Vergleichsgruppen bildeten die jüngeren (Gruppe *„Bis 39 Jahre";* n = 151) beziehungsweise die älteren (Gruppe *„Über 49 Jahre";* n = 170) Selbständigen. Einschränkend muss darauf hingewiesen werden, dass zwar das Alter der Fragebogenteilnehmer/innen erhoben wurde, jedoch nicht der Zeitraum, seit dem sie selbständig erwerbstätig sind.

Die Einteilung nach regionalen Kriterien erfolgte über eine Klassifizierung der österreichischen Bundesländer. Dazu wurden die Teilnehmer/innen in folgende Regionen eingeteilt: *„Westen"* (Tirol, Vorarlberg und Salzburg; n = 70), *„Norden"* (Ober- und Niederösterreich; n = 147), *„Südosten"* (Burgenland, Steiermark und Kärnten; n = 127) und *„Wien"* (als eigenständige Kategorie; n = 132).

Die Berufsgruppen wurden in die Kategorien *„Freie Berufe (Ärzt/innen, Notar/innen, etc.)"* (n = 175), *„Inhaber/innen von größe-*

ren Unternehmen" (n = 30) *sowie „Inhaber/innen von kleineren Unternehmen"* (n = 271) unterteilt.

Branchenspezifische Untergruppen bilden: *„Gewerbe"* (n = 80), *„Tourismus"* (n = 22), „Handel" (n = 54), *„Dienstleistungen"* (n = 307) und *„Sonstige Branchen"* (n = 13).

Die österreichischen Selbständigen wurden weiter unter Berücksichtigung ihrer höchsten abgeschlossenen Ausbildung in folgende drei Gruppen aufgeteilt: *„Pflichtschule/Lehre"* (n = 123), *„Matura"* (entspricht Abitur; n = 185) und *„Hochschule"* (n = 168).

Hinsichtlich ihres Einkommens wurden die Befragten in Anlehnung an die in Österreich geltenden Steuerprogressionsstufen in folgende Untergruppen eingeteilt: *„Bis € 10.000"* (n = 51), *„€ 10.001 bis € 30.000"* (n = 158), *„€ 30.001 bis € 50.000"* (n = 110), *„€ 50.001 bis € 100.000"* (n = 91) und *„Über € 100.000"* (n = 38). Das Einkommen wurde als jährliches Bruttoeinkommen (entspricht dem deklarierten Einkommen vor Abführung der Einkommensteuer) abgefragt. 28 Teilnehmer/innen haben dazu keine Angaben gemacht.

Abschließend wurde noch die politische Orientierung als Vergleichsparameter zwischen den österreichischen Selbständigen herangezogen. Hierbei wurde zwischen *„Links"* (n = 134), *„Mitte"* (n = 233) sowie *„Rechts"* (n = 106) differenziert.

3.4.4 Ergebnisse

3.4.4.1 Steuerehrlichkeit im Vergleich

Im Folgenden wird die Steuerehrlichkeit zwischen verschiedenen Gruppen von österreichischen Selbständigen miteinander verglichen. *Tabelle 2* gibt einen Überblick über die Mittelwerte der erhobenen Variablen zur Steuerehrlichkeit in ihren verschiedenen Ausprägungen.

Der Vergleich (Mittelwertsvergleich; t-Test) zwischen Männern und Frauen brachte signifikante Unterschiede innerhalb der Kategorie *Steuerehrlichkeit (Vermeidung)*. Die Ergebnisse zeigen, dass Männer signifikant ($t(472) = -2.18$, $p < .05$) häufiger Grauzonen und Gesetzeslücken ausnützen, um legal Steuern zu vermeiden. Darüber hinaus unterscheiden sich Frauen und Männer im Bereich der *Steuerehrlichkeit (Schwarzarbeit)*. Dabei zeigt sich interessanterweise, dass Frauen signifikant häufiger ($t(472) = 2.03$, $p < .05$) Schwarzarbeit in Anspruch nehmen.

Für den Vergleich der Mittelwerte wurden (für alle Untergruppen außer Geschlecht) einfaktorielle Varianzanalysen mit Post Hoc Analysen (LSD) herangezogen. Auch im Vergleich der Altersgruppen zeigen sich Unterschiede ($F(2, 471) = 3.53$, $p < .05$) in der Kategorie *Steuerehrlichkeit (Vermeidung)*. Die vorliegenden Daten belegen, dass die Selbständigen „Über 49 Jahre“ signifikant aktiver Steuern auf legalem Weg umgehen, als jene „Bis 39 Jahre“ ($p < .05$, $SE = .11$) und die Gruppe „40 bis 49 Jahre“ ($p < .05$, $SE = .11$). Offenbar steigen mit zunehmendem Alter und zunehmender Erfahrung das Wissen um legale Schlupflöcher und Gesetzeslücken und damit die Möglichkeiten zur Steuervermeidung. Dies wird auch durch eine signifikant negative Korrelation (Spearman; $r = -.09$, $p = < .05$) zwischen Alter und Steuervermeidung unterstrichen. Das Steuerverhalten der österreichischen Selbständigen wurde auch anhand von vorgegebenen Szenarien – *Steuerehrlichkeit (Szenarien)* – ermittelt. Dabei zeigte sich zwischen den Altersgruppen ein weiterer signifikanter Unterschied ($F(2, 473) = 4.06$, $p < .05$). Die jüngeren Selbständigen (Gruppe „Bis 39 Jahre“) geben an, signifikant häufiger in den beschriebenen Szenarien die Möglichkeit der Steuerverkürzung in Anspruch zu nehmen als die Gruppe „40 bis 49 Jahre“ ($p < .05$, $SE = .17$) und die Gruppe „Über 49 Jahre“ ($p < .05$, $SE = .16$). Diese Erkenntnis wird auch durch eine signifikante positive Korrelation ($r = .11$, $p < .05$) zwischen dem Alter der Befragten und der beschriebenen Variable bestätigt.

Tabelle 2: Berichtete Steuerehrlichkeit österreichischer Selbständiger – Mittelwertsvergleich der Untergruppen

Untergruppen / Kategorie	N	Steuerehrlichkeit (Gesamt)	Steuerehrlichkeit (Hinterziehung)	Steuerehrlichkeit (Vermeidung)	Steuerehrlichkeit (Schwarzarbeit)	Steuerehrlichkeit (Szenarien)	Freiwillige Steuerehrlichkeit	Erzwungene Steuerehrlichkeit
Selbständige Österreicher/innen Gesamt	476	4.74	5.78	3.32	5.58	5.08	4.66	4.80
Selbständige nach Geschlecht								
Männer	327	4.75	5.82	**3.25**[a]	**5.73**[a]	5.20	4.67	4.71
Frauen	149	4.76	5.74	**3.47**[a]	**5.38**[a]	4.92	4.75	4.97
Selbständige nach Altersgruppe								
Bis 39 Jahre	151	4.81	5.78	**3.42**[a]	5.84	**4.83**[a,b]	4.67	4.84
40 bis 49 Jahre	155	4.81	5.87	**3.40**[b]	5.50	**5.24**[a]	4.72	4.71
Über 49 Jahre	170	4.65	5.74	**3.15**[a,b]	5.54	**5.25**[b]	4.69	4.82
Selbständige nach Regionen								
Westen (T, V, S)	70	4.72	5.74	3.35	5.44	**4.94**[a]	4.60	4.58
Norden (O, N)	147	4.87	**5.99**[a]	3.30	5.86	**5.44**[a,b,c*]	4.86	4.76
Südosten (B, St, K)	127	4.73	5.76	3.31	5.58	**5.07**[b]	4.64	4.82
Wien	132	4.68	**5.66**[a]	3.32	5.50	**4.88**[c*]	4.61	4.91
Selbständige nach Beruf								
Freie Berufe (Ärzt/innen, Notar/innen, etc.)	175	4.71	5.76	3.25	5.59	**4.92**[a]	**4.48**[a*]	4.87
Inhaber/innen von größeren Unternehmen	30	4.79	5.56	3.59	5.85	**5.61**[a]	4.97	4.83
Inhaber/innen von kleineren Unternehmen	271	4.78	5.84	3.33	5.62	5.19	**4.80**[a*]	4.73
Selbständige nach Branche								
Gewerbe	80	4.83	5.84	3.36	5.89	5.13	4.85	4.89
Tourismus	22	4.63	5.61	3.31	5.36	4.79	4.62	4.70
Handel	54	4.71	5.68	3.39	5.53	5.16	4.82	4.68

Dienstleistungen	307	4.75	5.83	3.28	5.59	5.11	4.62	4.77
Sonstige Branchen	13	4.69	5.57	3.49	5.42	5.53	4.90	5.41
Selbständige nach Ausbildung								
Pflichtschule/Lehre	123	4.77	5.78	3.33	5.76	5.05	4.77	4.84
Matura	185	4.70	**5.68**^{a}	3.35	5.52	**4.96**^{a}	4.62	4.75
Hochschule	168	4.80	**5.94**^{a}	3.27	5.63	**5.34**^{a}	4.72	4.80
Selbständige nach Einkommen								
Bis € 10.000	51	**5.05**^{a*,b,c}	**6.08**^{a*}	**3.60**^{a,b,c}	**6.02**^{a}	**5.53**^{a,b}	4.89	**5.12**^{a}
€ 10.001 bis € 30.000	158	**4.83**^{d*}	**5.85**^{b}	3.39	**5.79**^{b}	**4.98**^{a}	4.73	4.70
€ 30.001 bis € 50.000	110	**4.56**^{a*,d*}	**5.57**^{a*,b}	**3.19**^{a}	**5.35**^{a,b}	**4.94**^{b}	4.52	**4.50**^{a,b}
€ 50.001 bis € 100.000	91	**4.71**^{b}	5.81	**3.22**^{b}	5.50	5.09	4.71	**4.98**^{b}
Über € 100.000	38	**4.64**^{c}	5.84	**3.08**^{c}	5.29	5.23	4.73	4.89
Nach politischer Orientierung								
Links	134	4.72	5.71	3.35	5.57	**4.89**^{a}	**4.54**^{a}	4.83
Mitte	233	**4.85**^{a*}	**5.92**^{a}	3.38	5.74	**5.29**^{a}	**4.81**^{a}	4.77
Rechts	106	**4.58**^{a*}	**5.63**^{a}	3.15	5.41	5.02	4.61	4.81

Notes: ^{a,b,c,d} *gleiche Buchstaben innerhalb einer Untergruppe und Kategorie bedeuten signifikante Unterschiede auf dem 5% Niveau,* ^{a*,b*,c*,d*} *bedeuten signifikante Unterschiede auf dem 1% Niveau;*

In Abhängigkeit von den beschriebenen regionalen Gesichtspunkten zeigen sich Unterschiede ($F(3, 470) = 4.06$, $p = .09$) im Bereich *Steuerehrlichkeit (Hinterziehung)*. Die Ergebnisse belegen, dass selbständig Erwerbstätige aus „Wien" signifikant häufiger Steuern hinterziehen als Selbständige aus der Region „Norden" ($p < .05$, $SE = .14$). Zusätzlich ergeben sich weitere signifikante regionale Unterschiede ($F(3, 472) = 3.89$, $p < .01$) im Bereich der weiter oben bereits geschilderten *Steuerehrlichkeit (Szenarien)*. Demnach nutzen in der Region „Norden" Selbständige signifikant seltener die Möglichkeiten zur Steuerverkürzung als jene aus der Region „Westen" ($p < .05$, $SE = .21$), „Südosten" ($p < .05$, $SE = .18$) und „Wien" ($p < .01$, $SE = .18$).

Gemäß der Differenzierung nach Berufsgruppen zeigen die Befragten wiederum Unterschiede ($F(2, 473) = 3.62$, $p < .05$) im Bereich *Steuerehrlichkeit (Szenarien)*. Personen aus der Kategorie „Freie Berufe (Ärzt/innen, Notar/innen, etc.)" sind demnach wesentlich eher zur Verkürzung von Steuerleistungen – gemäß den beschrieben Szenarien – bereit, als die Gruppe der „Inhaber/innen von größeren Unternehmen" ($p < .05$, $SE = .17$). Auch beim Konzept der *Freiwilligen Steuerehrlichkeit* ($F(2, 473) = 4.21$, $p < .05$) zeigt die Gruppe „Freie Berufe (Ärzt/innen, Notar/innen, etc.)" weniger Zustimmung als die Gruppe der „Inhaber/innen kleinerer Unternehmen" ($p < .01$, $SE = .12$).

Signifikante, branchenspezifische Unterschiede im Bereich des berichteten Steuerverhaltens wurden nicht festgestellt.

Betrachtet man die österreichischen Selbständigen hinsichtlich ihres Bildungsniveaus, ergeben sich Unterschiede ($F(2, 471) = 2.39$, $p = .09$) hinsichtlich der *Steuerehrlichkeit (Hinterziehung)*. Die Gruppe mit „Matura" gibt eine höhere Bereitschaft zur Steuerhinterziehung an, als die Vergleichsgruppe „Hochschule" ($p < .05$, $SE = .12$). Ein ähnliches Bild ($F(2, 473) = 3.18$, $p < .05$) zeigt sich bei den Szenarien zur Steuerverkürzung – *Steuerehrlichkeit (Szenarien)*. Auch hier ist die Bereitschaft zur Verkürzung bei den „Maturant/innen" signifikant höher als bei den „Hochschulabsolvent/innen" ($p < .05$, $SE = .16$).

Der Vergleich verschiedener Einkommensgruppen hinsichtlich des Steuerverhaltens in seiner Gesamtheit – *Steuerehrlichkeit (Gesamt)* – liefert ebenfalls signifikante Ergebnisse ($F(4, 442) = 3.70$, $p < .01$). Wir beobachten signifikante Unterschiede zwischen der Gruppe mit dem niedrigsten Einkommen („Bis € 10.000") und den Gruppen „€

30.001 bis € 50.000" ($p < .01$, $SE = .14$) sowie „€ 50.001 bis € 100.000" ($p < .05$, $SE = .14$) als auch der höchsten Einkommensgruppe „Über € 100.000" ($p < .05$, $SE = .18$). Darüber hinaus kann ein Unterschied zwischen der Gruppe „€ 10.001 bis € 30.000" und der Gruppe „€ 30.001 bis € 50.000" ($p < .01$, $SE = .10$) identifiziert werden. Allgemein kann eine signifikant negative Korrelation (Spearman; $r = -.14$, $p < .01$) zwischen Steuerehrlichkeit und der Höhe des Einkommens festgestellt werden. Weiter zeigt sich, auch ein Unterschied $F(4, 442) = 2.01$, $p = .09$) zwischen der Höhe des Einkommens und der Steuerhinterziehung – *Steuerehrlichkeit (Hinterziehung)*. Die Gruppe „€ 30.001 bis € 50.000" hinterzieht mehr Steuern als die geringeren Einkommensgruppen. Im Vergleich zur Gruppe „Bis € 10.000" ($p < .01$, $SE = .19$), ebenso wie im Vergleich zur Gruppe „€ 10.001 bis € 30.000" ($p < .05$, $SE = .14$). Die Steuervermeidung – *Steuerehrlichkeit (Vermeidung)* – betreffend, zeigt der Mittelwertsvergleich weitere signifikante Unterschiede ($F(4, 442) = 2.41$, $p < .05$). Die Ergebnisse belegen, dass Selbständige mit niedrigem Einkommen weniger häufig auf legalem Weg Steuern reduzieren. Die Gruppe „Bis € 10.000" unterscheidet sich signifikant von den drei höchsten Einkommensgruppen: „€ 30.001 bis € 50.000" ($p < .05$, $SE = .17$), „€ 50.001 bis € 100.000" ($p < .05$, $SE = .18$) und „Über € 100.000" ($p < .05$, $SE = .21$). Auch hier kann eine signifikant negative Korrelation ($r = -.12$, $p < .05$) zwischen Steuerehrlichkeit (Vermeidung) und Einkommen ausgemacht werden. Auch in Bezug auf die Bereitschaft zur Unterstützung von Schwarzarbeit – *Steuerehrlichkeit (Schwarzarbeit)* – liefert die Befragung interessante Ergebnisse ($F(4, 442) = 2.18$, $p = .07$). Umso mehr Einkommen man zur Verfügung hat, umso eher scheint man bereit, Schwarzarbeit in Auftrag zu geben. Die einkommensschwächste Gruppe („Bis € 10.000") zeigt signifikant weniger Bereitschaft in diese Richtung als die Gruppe „€ 30.001 bis € 50.000" ($p < .05$, $SE = .29$). Letztgenannte Gruppe liegt diesbezüglich auch deutlich über jener von „€ 10.001 bis € 30.000" ($p < .05$, $SE = .22$). Weitere Unterschiede ($F(4, 443) = 1.73$, $p = .14$) ergaben sich in Bezug auf die Kategorie *Steuerehrlichkeit (Szenarien)*. Hier ist die entsprechende Bereitschaft zur Steuerverkürzung in der einkommensschwächsten Gruppe („Bis € 10.000") signifikant niedriger ausgeprägt als in den Gruppen „€ 10.001 bis € 30.000" ($p < .05$, $SE = .24$) und „€ 30.001 bis € 50.000" ($p < .05$, $SE = .25$). Beim Konzept der *erzwungenen Steuerehrlichkeit* bestätigen die Ergebnisse ($F(4, 443) = 2.48$, $p < .05$), dass diese am wirksamsten bei den besonders hohen, beziehungsweise besonders niedrigen Einkommensschichten ist und am geringsten in der mittleren Kategorie. Die Gruppe „€ 30.001 bis € 50.000“ erzielt hier einen signifikant niedrigeren Mittelwert als die Gruppe „Bis € 10.000“ ($p < .05$, $SE = .24$) und als jene von „€ 50.001 bis € 100.000“ ($p < .05$, $SE = .20$).

Vergleicht man die österreichischen Selbständigen hinsichtlich ihrer politischen Orientierung, beobachten wir signifikante Ergebnisse ($F(2, 469) = 3.84$, $p < .05$) bei der Variable *Steuerehrlichkeit (Gesamt)*. Jene Gruppe, die sich politisch dem rechten Flügel zuordnet, zeigt sich signifikant weniger steuerehrlich als die politische Mitte ($p < .01$, $SE = .10$). Dieser Unterschied ($F(2, 469) = 2.87$, $p = .06$) setzt sich auch im Teilbereich der Steuerhinterziehung – *Steuerehrlichkeit (Hinterziehung)* – fort. Wiederum ist die Gruppe „Rechts“ eher zu illegalem Verhalten in Form von Steuerhinterziehung bereit als die Gruppe „Mitte“ ($p < .05$, $SE = .13$). Ein unterschiedliches Ergebnis ($F(2, 470) = 3.42$, $p < .05$) liefert auch die Erhebung im Bereich der *Steuerehrlichkeit (Szenarien)*. Hier zeigen sich die Selbständigen, die sich der linken politischen Gruppe zugehörig fühlen, eher bereit zur Abgabenverkürzung als die politische Mitte ($p < .05$, $SE = .16$). Ein ähnliches Ergebnis ($F(2, 470) = 2.19$, $p = .11$) beobachten wir auch beim Konzept der *freiwilligen Steuerehrlichkeit*. Die Bereitschaft zur freiwilligen Abfuhr von Steuern verknüpft mit Vertrauen in die Steuerbehörden ist demnach im politisch linken Spektrum signifikant weniger stark ausgeprägt, als in der Mitte des politischen Spektrums ($p < .05$, $SE = .14$).

3.4.4.2 Steuergerechtigkeit im Vergleich

Tabelle 3 gibt einen Überblick über die erhobenen Variablen zur Steuergerechtigkeit. Die soziodemographischen Vergleichsgruppen sind identisch mit jenen zur Steuerehrlichkeit und sind unter Punkt 4.3.2. beschrieben.

Der Vergleich zwischen Männern und Frauen ergibt für die unterschiedlichen Konzepte der Steuergerechtigkeit keine signifikanten Ergebnisse.

Die Altersgruppen betreffend, zeigt sich ein signifikanter Unterschied ($F(2, 473) = 3.57$, $p < .05$) beim Konzept der *interpersonellen Gerechtigkeit*. Der Mittelwertsvergleich zeigt, dass die Altersgruppe

„Über 49 Jahre" die interpersonelle Gerechtigkeit signifikant höher ($p < .01$, $SE = .13$) wahrnimmt als die Gruppe „Bis 39 Jahre". Dies deutet darauf hin, dass mit zunehmender Erfahrung, die Interaktion mit der Steuerbehörde als gerechter erlebt wird (Spearman; $r = .12$, $p < .01$). Darüber hinaus beobachtet man innerhalb der Altersgruppen einen weiteren signifikanten Unterschied ($F(2, 473) = 3.05$, $p < .05$) in Bezug auf das Konzept der *Vorteilhaftigkeit*. Hier unterscheidet sich die Gruppe der „40- bis 49-jährigen" signifikant ($p < .05$, $SE = .10$) von der Gruppe der „über 49-jährigen". Die älteren Selbständigen nehmen demnach mehr Möglichkeiten wahr, Schlupflöcher auszunutzen beziehungsweise von staatlichen Leistungen zu profitieren.

Das Konzept der *distributiven Gerechtigkeit* zeigt Unterschiede ($F(3, 472) = 2.15$, $p = .09$) innerhalb der Regionen auf. Die Ergebnisse belegen, dass selbständige Steuerzahler/innen aus der Region „Westen" die Verteilungsgerechtigkeit durch das Steuersystem als signifikant höher wahrnehmen als aus der Region „Wien" ($p < .05$, $SE = .18$). Ein weiterer signifikanter Unterschied ($F(3, 472) = 2.15$, $p = .09$) wurde wiederum beim Konzept der *interpersonellen Gerechtigkeit* gefunden. Selbständige Steuerzahler/innen, aus der Region „Norden", nehmen die Interaktion mit der Steuerbehörde als signifikant gerechter wahr ($p < .05$, $SE = .14$), als dies in der Region „Südosten" der Fall ist. Unterschiede ($F(3, 472) = 1.67$, $p = .09$) ergeben sich auch beim Konzept der *Vorteilhaftigkeit*. Diese wird sowohl im „Westen" ($p < .05$, $SE = .17$) als auch in „Wien" ($p < .05$, $SE = .14$) signifikant höher wahrgenommen als im Südosten. Darüber hinaus finden sich keine nennenswerten Unterschiede zwischen den nach regionalen Kriterien gebildeten Untergruppen.

Tabelle 3: Berichtete erlebte Steuergerechtigkeit österreichischer Selbständiger – Mittelwertsvergleich der Untergruppen

Kategorien / Untergruppen	N	Distributive Gerechtigkeit	Prozedurale Gerechtigkeit	Mitsprache	Interpersonelle Gerechtigkeit	Informationelle Gerechtigkeit	Retributive Gerechtigkeit	Restaurative Gerechtigkeit	Vorteilhaftigkeit
Selbständige Österreicher/innen Gesamt	476	3.07	4.15	3.24	4.60	4.62	3.82	2.85	3.28
Selbständige nach Geschlecht									
Männer	327	3.06	4.21	3.27	4.62	4.67	3.77	2.84	3.28
Frauen	149	3.03	4.03	3.13	4.60	4.51	3.83	2.77	3.25
Selbständige nach Altersgruppe									
Bis 39 Jahre	151	3.07	4.11	3.26	**4.44**[a*]	4.54	3.92	2.94	3.25
40 bis 49 Jahre	155	2.97	4.13	3.15	4.60	4.55	3.93	2.70	**3.15**[a]
Über 49 Jahre	170	3.11	4.22	3.27	**4.78**[a*]	4.75	3.54	2.83	**3.40**[a]
Selbständige nach Regionen									
Westen (T, V, S)	70	**3.29**[a]	4.16	3.28	4.71	4.80	3.68	3.04	**3.48**[a,b]
Norden (O, N)	147	3.15	4.21	3.32	**4.76**[a]	4.74	3.59	2.70	3.29
Südosten (B, St, K)	127	2.96	4.08	3.18	**4.45**[a]	4.57	3.82	2.78	**3.21**[a]
Wien	132	**2.91**[a]	4.16	3.15	4.55	4.44	4.04	2.88	**3.20**[b]
Selbständige nach Beruf									
Freie Berufe (Ärzt/innen, Notar/innen, etc.)	175	3.05	4.09	3.25	4.59	4.51	3.81	2.71	3.35
Inhaber/innen von größeren Unternehmen	30	2.93	4.19	3.19	**4.17**[a]	4.32	3.43	3.14	3.29
Inhaber/innen von kleineren Unternehmen	271	3.07	4.19	3.22	**4.68**[a]	4.72	3.82	2.86	3.22
Selbständige nach Branche									
Gewerbe	80	3.15	4.19	3.28	4.69	**4.89**[a]	3.83	2.72	**3.14**[a]
Tourismus	22	3.27	4.31	3.32	4.79	4.76	4.31	3.33	3.38
Handel	54	3.04	4.16	3.27	4.63	4.59	3.65	3.11	**3.52**[a,b]
Dienstleistungen	307	3.02	4.14	3.21	4.59	4.58	3.76	2.73	3.26
Sonstige Branchen	13	2.81	4.01	3.12	4.30	**3.95**[a]	4.04	3.49	**2.93**[b]

Selbständige nach Ausbildung									
Pflichtschule/Lehre	123	3.01	4.12	3.16	4.59	4.66	3.62	3.06	3.20
Matura	185	3.02	4.13	3.22	4.63	4.62	3.77	2.76	3.35
Hochschule	168	3.12	4.21	3.29	4.61	4.59	3.94	2.72	3.22
Selbständige nach Einkommen									
Bis € 10.000	51	3.01	**4.13**[a]	3.04	4.49	4.48	3.68	**3.07**[a]	3.22
€ 10.001 bis € 30.000	158	**3.18**[a,b*]	**4.23**[b*]	3.31	4.70	**4.62**[a]	3.68	2.73	**3.41**[a,b*]
€ 30.001 bis € 50.000	110	**3.30**[c,d*]	**4.26**[c*]	3.40	4.71	**4.80**[b*]	3.62	2.71	**3.37**[c]
€ 50.001 bis € 100.000	91	**2.86**[a,c]	4.07	3.15	4.48	**4.65**[c]	4.14	2.99	**3.16**[a]
Über € 100.000	38	**2.54**[b*,d*]	**3.71**[a,b*,c*]	3.00	4.29	**4.10**[a,b*,c]	3.70	**2.36**[a]	**2.94**[b*,c]
Nach politischer Orientierung									
Links	134	**3.19**[a]	4.20	3.32	4.70	4.62	4.00	2.82	**3.46**[a*]
Mitte	233	**2.91**[a,b]	4.09	3.12	4.52	**4.51**[a]	3.59	2.73	**3.16**[a*]
Rechts	106	**3.19**[b]	4.25	3.37	4.70	**4.87**[a]	3.97	3.04	3.25

Notes: [a,b,c,d] gleiche Buchstaben innerhalb einer Untergruppe und Kategorie bedeuten signifikante Unterschiede auf dem 5% Niveau, [a,b*,c*,d*] bedeuten signifikante Unterschiede auf dem 1% Niveau;*

Der einzige nennenswerte Unterschied ($F(3, 472) = 2.75$, $p = .07$) zwischen den Berufsgruppen hinsichtlich der berichteten Steuergerechtigkeit, betrifft erneut das Konzept der *interpersonellen Gerechtigkeit*. „Inhaber/innen kleinerer Unternehmen“ empfinden die Interaktion mit den Steuerbehörden interessanterweise gerechter als „Inhaber/innen größerer Firmen“ ($p < .05$, $SE = .22$). Dieses Ergebnis könnte dadurch begründet sein, dass Inhaber/innen kleinerer Firmen mehr direkten Kontakt zur Steuerbehörde haben.

Signifikante Unterschiede ($F(4, 471) = 1.89$, $p = .11$) in Bezug auf die Branche ergeben sich für das Konzept der *informationellen Gerechtigkeit* – wie die Interpersonelle Gerechtigkeit eine Unterkategorie der prozeduralen Gerechtigkeit. Hier nehmen Selbständige aus der Branche „Gewerbe“ die Steuerbehörden als gerechter wahr, als die Gruppe der „Sonstigen Branchen“ ($p < .05$, $SE = .14$). Hinsichtlich der *Vorteilhaftigkeit* ($F(4, 471) = 1.95$, $p = .10$) unterscheidet sich die Branche „Handel“ sowohl signifikant ($p < .05$, $SE = .16$) von der Branche „Gewerbe“, wie auch von den „Sonstigen Branchen“ ($p < .05$, $SE = .28$).

In Bezug auf das Bildungsniveau der österreichischen Selbständigen wurden keine signifikanten Unterschiede im Bereich der berichteten Steuergerechtigkeit festgestellt.

Zwischen den Einkommensgruppen konnte eine Reihe signifikanter Unterschiede beobachtet werden. Es zeigen sich vor allem Unterschiede ($F(4, 443) = 3.97$, $p < .01$) in der berichteten *distributiven Gerechtigkeit* zwischen den hohen und den niedrigeren Einkommenskategorien. Die Einkommensgruppe „€ 50.001 bis € 100.000“ unterscheidet sich sowohl signifikant von der Gruppe „€ 10.001 bis € 30.000“ ($p < .05$, $SE = .16$), als auch von der Gruppe „€ 30.001 bis € 50.000“ ($p < .05$, $SE = .17$). Auch die höchste Einkommensgruppe „Über € 100.000“ zeigt signifikante Unterschiede im Vergleich zu denselben Untergruppen. Im Vergleich zur Gruppe „€ 10.001 bis € 30.000“ ($p < .01$, $SE = .21$) ist der Unterschied ähnlich deutlich wie zur Gruppe „€ 30.001 bis € 50.000“ ($p < .01$, $SE = .22$). Anhand dieser Ergebnisse zeigt sich deutlich, dass mit steigenden Einkommen und damit mit steigender Steuerlast die Verteilung als weniger gerecht wahrgenommen wird, was sich auch in einer negativen, signifikanten Korrelation nach Spearman ($r = -.12$, $p < .05$) manifestiert. Interessanterweise wird die distributive Gerechtigkeit von der Gruppe „Bis € 10.000“ (hier fällt keine steuerliche Belastung an) weniger stark erlebt, als in den beiden nachfolgenden Gruppen. Ähnlich interessant sind die Ergebnisse ($F(4, 443) = 2.74$, $p < .05$) hinsichtlich des Konzepts der *prozeduralen Gerechtigkeit.* Auch hier zeigen sich zum Teil hoch signifikante Unterschiede. Die wahrgenommene Gerechtigkeit, auf der die Entscheidungsprozesse der Steuerbehörden basieren, wird von der Gruppe mit dem höchsten Einkommen („Über € 100.000“) als wesentlich geringer wahrgenommen als in den niedrigeren Kategorien. Sowohl im Vergleich zur Gruppe „Bis € 10.000“ ($p < .05$, $SE = .21$), wie auch zur Gruppe „€ 10.001 bis € 30.000“ ($p < .01$, $SE = .18$) und zur Gruppe „€ 30.001 bis € 50.000“ ($p < .01$, $SE = .19$). Demnach werden auch die Verfahren innerhalb des Steuersystems mit zunehmendem Einkommen als ungerechter erlebt, was sich wieder in einer negativen, signifikanten Korrelation ($r = -.10$, $p < .05$) ausdrückt. Die Mittelwerte – und damit die erlebte und berichtete Gerechtigkeit – innerhalb dieser Kategorie steigen in Abhängigkeit der Einkommenshöhe leicht an bis zur Gruppe „€ 30.001 bis € 50.000“ und sinken danach mit zunehmenden Einkommen merklich ab. Auch bei der *informationellen Gerechtigkeit* zeigten sich Unterschiede ($F(4, 443) = 2.25$, $p = .06$). Diese Form der prozeduralen Gerechtigkeit wird ähnlich wie bei den vorangegangen Konzepten von der höchsten Einkommensgruppe als signifikant niedriger wahrgenommen. Die Gruppe „Über € 100.000“ liegt sowohl im Vergleich zur Gruppe „€ 10.001 bis € 30.000“ ($p < .05$, $SE = .23$), als auch zur Gruppe „€ 30.001 bis € 50.000“ ($p < .01$, $SE = .24$) und zur Gruppe „€ 50.001 bis € 100.000“ ($p < .05$, $SE = .25$) signifikant niedriger. Ein ähnliches Bild zeichnet sich beim Konzept der *Vorteilhaftigkeit* ab. Auch hier nimmt mit zunehmender Einkommenshöhe die erlebte „Vorteilhaftigkeit“ ab ($F(4, 443) = 2.78$, $p < .05$). Signifikante Unterschiede zeigen sich in Bezug auf die Einkommensgruppe „€ 10.001 bis € 30.000“ mit den Gruppen „€ 50.001 bis € 100.000“ ($p < .05$, $SE = .12$) und „über € 100.000“ ($p < .01$, $SE = .16$). Darüber hinaus liegen die Mittelwerte der Einkommensgruppe „Über € 100.000“ auch signifikant unter jenen der Gruppe „€ 30.001 bis € 50.000“ ($p < .05$, $SE = .17$). Auch die Vorteilhaftigkeit korreliert signifikant negativ mit der Einkommenshöhe ($r = -.12$, $p < .05$). Letztlich ergaben sich auch hinsichtlich der Einkommenshöhe Unterschiede ($F(4, 443) = 1.43$, $p = .22$) das Konzept der *restaurativen Gerechtigkeit* betreffend. Auch hier zeigte sich, dass das Interesse an der Wiederherstellung des sozialen Konsenses durch die

Anerkennung der Verantwortung durch die Täter/innen mit zunehmenden Einkommen tendenziell sinkt. Signifikante Unterschiede zeigten sich zwischen der Gruppe „Über € 100.000" und „bis € 10.000" ($p < .05$, $SE = .36$).

Abschließend wurde erneut anhand der berichteten politischen Orientierung differenziert. Ein signifikanter Unterschied ($F(2, 470) = 3.16$, $p < .05$) zeigte sich beim Konzept der *distributiven Gerechtigkeit*. Hier belegten die Ergebnisse, dass die Kategorie „Mitte" die Verteilung der Steuerlast als signifikant ungerechter erlebt als die Kategorien „Links" ($p < .05$, $SE = .13$) sowie „Rechts" ($p < .05$, $SE = .14$). Unterschiede ($F(2, 470) = 2.84$, $p = .06$) zeigten sich erneut bei der wahrgenommenen *informationellen Gerechtigkeit*. Diese wird von der Kategorie „Rechts" signifikant höher erlebt als von der Kategorie „Mitte" ($p < .05$, $SE = .15$). Bezüglich des Konzepts der *Vorteilhaftigkeit* ($F(2, 470) = 4.39$, $p < .05$) wird ersichtlich, dass das Steuersystem im Allgemeinen von der Kategorie „Links" als signifikant vorteilhafter wahrgenommen wird, als von der Kategorie „Mitte" ($p < .01$, $SE = .10$).

3.4.4.3 Wechselwirkung zwischen Steuerehrlichkeit und Steuergerechtigkeit

Die Ergebnisse in *Tabelle 4* liefern Antworten auf die Frage, inwieweit sich die erfassten Konzepte über die Gerechtigkeit des Steuersystems auf die Steuerehrlichkeit österreichischer Selbständiger auswirkt. Diese Wechselwirkungen werden mittels Korrelationen (Pearson) beschrieben.

Die Ergebnisse belegen, dass sich die wahrgenommenen Formen von Gerechtigkeit durchwegs positiv auf die Steuerehrlichkeit auswirken. So zeigt zum Beispiel die *distributive Gerechtigkeit* (Verteilungsgerechtigkeit) signifikant positive Korrelationen mit beinahe allen unterschiedlichen Formen der Steuerehrlichkeit.

Positive Korrelationen zwischen Gerechtigkeit und Steuerehrlichkeit lassen sich vor allem hinsichtlich der Steuerehrlichkeit in Bezug zu Hinterziehung, Schwarzarbeit und auch der beschriebenen Szenarien beobachten. Je gerechter das System erlebt wird, desto ehrlicher verhalten sich die österreichischen Selbständigen.

Weitgehende negative Zusammenhänge zeigen sich zwischen der Steuervermeidung und der wahrgenommenen Steuergerechtigkeit. Wird das Steuersystem als gerecht erlebt, nimmt die beschriebene legale Reduktion der Steuern zu. Die Rechtfertigung, reaktantes Verhalten gegenüber einem als ungerecht erlebten Steuersystem an den Tag zu legen, ist offenbar verschwunden, dafür tritt die Auseinandersetzung mit Grauzonen und Lücken des Steuersystems in den Vordergrund.

Auffallend erscheint, dass sich Gerechtigkeit weitgehend negativ auf das Konzept der erzwungenen Steuerehrlichkeit auswirkt. Wird das Steuersystem demnach als ungerecht erlebt, steigt der Einfluss von erzwungenem Steuerverhalten beziehungsweise umso mächtiger wird die Steuerbehörde wahrgenommen.

Dagegen wirkt sich die erlebte Steuergerechtigkeit auf die Dimension der Freiwilligen Steuerehrlichkeit naturgemäß positiv aus. Vertrauen in die Steuerbehörde bedingt demnach Vertrauen in die Gerechtigkeit des Systems und umgekehrt.

Tabelle 4: Wechselwirkung zwischen Steuerehrlichkeit und Steuergerechtigkeit - Korrelationstabelle

		Steuerehrlichkeit (Gesamt)	Steuerehrlichkeit (Hinterziehung)	Steuerehrlichkeit (Vermeidung)	Steuerehrlichkeit (Schwarzarbeit)	Steuerehrlichkeit (Szenarien)	Freiwillige Steuerehrlichkeit	Erzwungene Steuerehrlichkeit
Distributive Gerechtigkeit	Pearson	**.10***	**.11***	.01	**.10***	**.13****	**.21****	**-.12****
	Sig. (2-seitig)	**.03**	**.01**	.84	**.02**	**.01**	**.00**	**.01**
	N	476	476	476	476	476	476	476
Prozedurale Gerechtigkeit	Pearson	**.16****	**.22****	-.01	**.12***	**.17****	**.27****	-.08
	Sig. (2-seitig)	**.00**	**.00**	.78	**.01**	**.00**	**.00**	.10
	N	476	476	476	476	476	476	476
Mitsprache	Pearson	.02	.07	-.08	.06	**.12****	**.12***	**-.12****
	Sig. (2-seitig)	.75	.15	.07	.23	**.01**	**.01**	**.01**
	N	476	476	476	476	476	476	476
Interpersonelle Gerechtigkeit	Pearson	**.13****	**.18****	-.01	.08	**.11***	**.23****	-.01
	Sig. (2-seitig)	**.01**	**.00**	.78	.08	**.01**	**.00**	.83
	N	476	476	476	476	476	476	476
Informationelle Gerechtigkeit	Pearson	.06	**.10***	-.02	.04	.09	**.24****	.03
	Sig. (2-seitig)	.17	**.03**	.66	.35	.05	**.00**	.54
	N	476	476	476	476	476	476	476
Retributive Gerechtigkeit	Pearson	**.18****	**.19****	.02	**.19****	**.16****	**.17****	.04
	Sig. (2-seitig)	**.00**	**.00**	.65	**.00**	**.00**	**.00**	.34
	N	476	476	476	476	476	476	476
Restaurative Gerechtigkeit	Pearson	**.16****	**.28****	**-.09***	**.13****	**.10***	**.21****	.02
	Sig. (2-seitig)	**.00**	**.00**	**.04**	**.00**	**.04**	**.00**	.63
	N	476	476	476	476	476	476	476
Vorteil-haftigkeit	Pearson	-.07	-.06	-.08	.04	-.01	.02	**-.18****
	Sig. (2-seitig)	.13	.21	.07	.40	.85	.67	**.00**
	N	476	476	476	476	476	476	476

*Notes: ** die Korrelation ist auf dem Niveau 0,01 (2-seitig) signifikant.*   ** die Korrelation ist auf dem Niveau 0,05 (2-seitig) signifikant*

3.5 Diskussion und Zusammenfassung

Betrachtet man die österreichischen Selbständigen (differenziert nach Gruppen anhand soziodemographischer Parameter) in Hinblick auf ihre Steuerehrlichkeit und das Konzept der Steuergerechtigkeit, liefern die Ergebnisse in ihrer Gesamtbetrachtung interessante Anhaltspunkte.

Vergleicht man die Steuerehrlichkeit von Männern und Frauen, so liefern die vorliegenden Ergebnisse keine einheitlichen Unterschiede. Dies steht im Widerspruch zu einem Großteil der wissenschaftlichen Studien zur Steuerehrlichkeit, die davon berichten, dass sich Männer hinsichtlich Steuern unehrlicher als Frauen verhalten (Jackson & Milliron, 1986). Auch in den Experimenten von Kastlunger, Dressler, Kirchler, Mittone und Voracek (submitted) zeigte sich, dass Frauen in höherem Ausmaß steuerehrlich sind und weniger strategisch agieren als Männer. Sowohl das Geschlecht als auch die Orientierung an den Geschlechterrollen korrelierten signifikant mit Hinterziehung und strategischem Verhalten. Die vorliegende Studie liefert in zwei Punkten interessante Ergebnisse. Einerseits tritt bei Männern signifikant häufiger Steuervermeidung auf legalem Weg auf, was auch damit erklärt werden kann, dass diese Form der Steuerverkürzung besonders in den Gruppen mit höherem Einkommen praktiziert wird, in denen die Männer überrepräsentiert sind. Andererseits belegen die Ergebnisse, dass die weiblichen Selbständigen deutlich häufiger Schwarzarbeit in Anspruch nehmen. Dieses – für uns eher überraschende – Ergebnis ist umso erstaunlicher, da sich ein besonders hoher Prozentsatz der Teilnehmer/innen innerhalb der niedrigen Einkommenskategorien wiederfindet (innerhalb der beiden Untergruppen bis € 30.000 befinden sich 37 % der befragten Männer und 59 % der Frauen). Dabei wird Schwarzarbeit gerade von den einkommensstarken Gruppen signifikant häufiger in Anspruch genommen.

Frühere Forschungsarbeiten berichten davon, dass jüngere Steuerzahler/innen eher gewillt sind, Risiken einzugehen und sich durch Sanktionen weniger einschüchtern lassen (Tittle, 1980). Vogel (1974) fand ebenso eine steigende Tendenz zur Steuerhinterziehung bei jüngeren Steuerzahler/innen in Schweden. Er postuliert, dass jüngere Menschen im Durchschnitt gebildeter sind und daher Möglichkeiten der Hinterziehung eher wahrnehmen. Die vorliegende Arbeit liefert tendenziell gegensätzliche Ergebnisse. Lediglich in den Szenarien zur Steuerehrlichkeit sind jüngere österreichische Selbständige weniger ehrlich. Eine Vielzahl anderer Autoren (Minor, 1978; Hotaling & Arnold, 1981; Song & Yarbrough, 1978)) konnten ebenfalls keinen Zusammenhang zwischen Alter und Steuerehrlichkeit nachweisen.

Eine weitere Erkenntnis lässt sich aus den Ergebnissen ableiten, die uns die Einteilung in regionale Gruppierungen liefern. Hier zeigt sich, dass die erlebte und berichtete Steuergerechtigkeit in Wien im Vergleich zum Rest Österreichs tendenziell niedriger ausgeprägt ist. Diese regionale Differenzierung (Wien versus Rest-Österreich) entspricht in groben Zügen der Unterscheidung Stadt versus Land. Es kann spekuliert werden, dass der Bürokratismus in der Bundeshauptstadt unmittelbarer erlebt wird und die (negativen) Auswirkungen des Systems deutlicher spürbar sind. Gegen eine solche Annahme spräche allerdings, dass sich in Österreich auch häufig die Bundesländer im Vergleich zur Hauptstadt benachteiligt fühlen, da diese an den „Hebeln der Macht“ zu sitzen scheinen – und damit ihrerseits eine Rechtfertigung für unehrliches Verhalten hätten.

Die Differenzierungen nach Beruf und Branche in die entsprechenden Untergruppen zeigen zwar punktuell interessante Ergebnisse, liefern aber kein einheitliches und klares Bild in Bezug auf die berichtete Steuerehrlichkeit und die erlebte Steuergerechtigkeit.

Witte und Woodbury (1985) berichten, dass der Grad der Steuerehrlichkeit in Gegenden mit höherer Bildung und einem hohen Anteil an Akademiker/innen deutlich geringer ist, als in Gegenden mit niedrigerer durchschnittlicher Bildung. Diese Erkenntnis lässt sich durch die vorliegenden Ergebnisse nicht bestätigen.

Weiter zeigt sich, dass vor allem in Bezug auf die Höhe des Einkommens signifikante Unterschiede gefunden werden. Vereinfacht ausgedrückt kann festgehalten werden, dass sich Personen mit mittlerem Einkommen steuerehrlicher verhalten als Personen mit niedrigem beziehungsweise hohem Einkommen. Dieses Ergebnis wird in früheren Forschungsarbeiten bestätigt (Witte und Woodbury, 1985; Mason und Lowry, 1981). Erstaunlicherweise ist gerade in mittleren Einkommenskategorien die erlebte Steuergerechtigkeit besonders hoch. In einzelnen Kategorien, wie der legalen Steuervermeidung und Schwarzarbeit, nimmt mit steigendem Einkommen die Bereitschaft zu unehrlichem Steuerverhalten kontinuierlich zu.

Je höher das Einkommen, umso höher die Steuerlast. Dies scheint in Österreich dazu zu führen, dass mit der Höhe der Abgaben die wahrgenommene Gerechtigkeit des Steuersystems abnimmt. Ein Erklärungsansatz könnte folgendermaßen lauten: je höher der Verlust an Einkommen durch die Abfuhr von Steuern erlebt wird, umso stärker tritt Reaktanz auf und umso eher sind die Selbständigen bereit, diesem Verlust durch unehrliches Steuerverhalten entgegenzuwirken, dies gilt besonders für legale Methoden wie der Steuervermeidung. Dafür wird eine Rechtfertigung benötigt und diese wird scheinbar durch die erlebte Ungerechtigkeit des Steuersystems geliefert.

Hinsichtlich der Gerechtigkeit zeigt sich, dass die politische Mitte die Steuergerechtigkeit in Österreich tendenziell niedriger wahrnimmt, sowohl als der linke als auch der rechte Teil des politischen Spektrums. Dennoch ist es genau diese Kategorie, die sich in weiten Bereichen signifikant steuerehrlicher verhält, als die Vergleichsgruppen. Politisch rechts orientierte Selbständige neigen demnach generell häufiger zu unehrlichem Steuerverhalten (vor allem Steuerhinterziehung). Politisch links denkende Selbständige tendieren interessanterweise weniger stark zu freiwilliger Steuerehrlichkeit und können sich leichter mit der Abgabenverkürzung (anhand der beschriebenen Szenarien) anfreunden.

Das Forschungsprojekt „SIT-Tax Gerechtigkeit, Normen & Steuern", das diesem Artikel zu Grunde liegt, bietet ein repräsentatives Abbild der österreichischen Selbständigen. Der vorliegende Artikel legt besonderes Augenmerk auf das Steuerverhalten und die wahrgenommene Gerechtigkeit im Steuerkontext. Eine detaillierte Beschreibung und Charakterisierung der Gruppe der österreichischen Selbständigen liefert vor allem Ansatz- und Ausgangspunkte für weitergehende Forschungsarbeiten. Ein interessanter Ansatzpunkt für weiterführende Forschungsarbeiten wäre eine noch detailliertere Überprüfung der österreichischen Selbständigen in Form einer Clusteranalyse. Es könnten dabei differenzierte Gruppen von Selbständigen identifiziert werden, die sich durch einheitliches Steuerverhalten auszeichnen.

4 Strafen für Steuerhinterziehung: Ziele und (un-)erwünschte Auswirkungen

von Silvia Rechberger, Martina Hartner und Erich Kirchler

4.1 Zusammenfassung

Die Anwendung von Strafen wird aus rechtsphilosophischer Perspektive durch verschiedene Ziele gerechtfertigt, die durch die Strafen erreicht werden sollen. Unklar ist, wie sehr diese Ziele derzeit bei der Bestrafung von Steuerhinterzieher/innen in Österreich berücksichtigt werden. Eine repräsentative Stichprobe von selbstständigen österreichischen Steuerzahler/innen wurde gebeten, die aktuellen Strafen für Steuerhinterziehung in Österreich hinsichtlich der Strafziele Vergeltung, Abschreckung der Gesellschaft und Wiederherstellung der sozialen Normen zu beurteilen. Anschließend gaben sie Auskunft darüber, welche steuerbezogene Haltung sie gegenüber der Steuerbehörde in Österreich haben und wie ehrlich sie bei ihrer Einkommenssteuererklärung sind.

Erwartungsgemäß war das Strafziel „Vergeltung" negativ mit einer positiven motivationalen Haltung hinsichtlich Steuern (Fügsamkeit oder deference) und positiv mit einer negativen motivationalen Haltung (Missachtung oder defiance) assoziiert. Genau umgekehrt war das Strafziel „Wiederherstellung der sozialen Normen" positiv mit „Fügsamkeit" und negativ mit „Missachtung" verbunden. Während sich „Missachtung" in weiterer Folge signifikant negativ auf die selbstberichtete „Steuerehrlichkeit" auswirkte, war die Verbindung zwischen „Fügsamkeit" und „Steuerehrlichkeit" tendenziell positiv.

4.2 Einleitung

Regelmäßig wiederkehrende Zeitungsberichte über die Aufdeckung von Wirtschaftskriminalität vermitteln den Eindruck, dass derartige Aktivitäten in den letzten Jahren zunehmen. Unter Wirtschaftskriminalität fallen strafrechtliche Delikte, die im Kontext von tatsächlichen oder vorgetäuschten wirtschaftlichen Handlungen begangen werden, und die über die Schädigung des Einzelnen hinaus das Wirtschaftsleben beeinträchtigen und die Allgemeinheit schädigen. Zu diesen Delikten zählen zum Beispiel Gründungsschwindel, Insolvenzdelikte, Buchführungsdelikte, Veruntreuung, Produktpiraterie, Bestechung, Vorteilsnahme, Computerkriminalität, Insiderhandel, Subventionsbetrug, Geldwäsche und Steuerhinterziehung (Kirchler & Pitters, 2007). Im Jahr 2007 lag der Anteil der Unternehmen, die weltweit von Wirtschaftskriminalität betroffen waren, bei 43 Prozent (Nestler, Salvenmoser, & Bussmann, 2007).

Auch in Bezug auf die Schattenwirtschaft und Schwarzarbeit ist die Tendenz steigend. Schattenwirtschaft umfasst „all economic activities that contribute to the officially calculated (or observed) gross national product but are currently unregistered“ (Schneider & Enste, 2000, S. 78; Schneider, Torgler & Schaltegger, 2008). Zwischen 1960 und 1995 verzeichneten Schneider und Enste einen deutlichen Anstieg der Schattenwirtschaft in Deutschland um 11.2 % und in Österreich um 6.5 % (Schneider & Enste, 2000). Im Jahr 2003 lag der Anteil der Schatttenwirtschaft in Deutschland bei 17.1 und in Österreich bereits bei 10.9 % des Brutto-Inlandsprodukts (BIP)[1] (Schneider, 2003). In Anbetracht der wirtschaftlichen Rezession erwartet Schneider ein weiteres Ansteigen der Schattenwirtschaft, da vermehrt versucht würde, Einkommenseinbußen dadurch zu kompensieren, dass entweder vermehrt Schwarzarbeit nachgefragt wird oder selbst vermehrt ‚schwarz' gearbeitet wird (APA, 2009).

Die Frage nach der adäquaten Sanktionierung von Wirtschaftskriminalität im Allgemeinen und Schwarzarbeit und Steuerhinterziehung

[1] Zahlen beruhen auf dem Bargeldansatz, bei dem aufgrund der Nachfrage nach Bargeld auf die Größe der Schattenwirtschaft geschlossen wird. Diesem Verfahren liegt die Annahme zugrunde, dass in der Schattenwirtschaft vor allem mit Bargeld bezahlt wird, um wenig Spuren zu hinterlassen.

im Speziellen ist deshalb wichtig, weil diese nicht nur Konsequenzen für die Täter/innen hat, sondern auch Implikationen für die Mitglieder einer Gesellschaft. Wenn einzelne Personen beispielsweise Steuern hinterziehen und damit soziale Normen und Regeln verletzen, ohne von den staatlichen Institutionen dafür (adäquat) bestraft zu werden, könnte dies von den ehrlichen Bürger/innen als unfair erlebt werden (Wenzel, 2003). In weiterer Folge könnten die Steuermoral, sowie die wahrgenommene Gerechtigkeit und Legitimität des Steuersystems leiden und noch mehr Menschen würden Steuern hinterziehen.

Bislang gibt es nach Wissen der Autor/innen keine empirischen Studien darüber, wie die Strafen für Steuerhinterziehung wahrgenommen werden, und wie sich diese Wahrnehmung auf die steuerrelevanten motivationalen Haltungen und auf die Steuerehrlichkeit auswirkt. Die vorliegende Studie untersucht, wie österreichische Selbstständige die derzeitigen Strafen für Steuerhinterziehung in Bezug auf die Strafziele Vergeltung, Abschreckung der Gesellschaft und Wiederherstellung der sozialen Normen wahrnehmen, und wie sich diese Wahrnehmungen auf deren steuerbezogene Motivationstendenzen und auf deren Steuerehrlichkeit auswirken. Unter Steuerehrlichkeit wird verstanden, dass Steuerzahler/innen *nicht* versuchen, illegal Steuern zu reduzieren (auch zu hinterziehen), indem sie beispielsweise in der Einkommensteuererklärung Einkommen verschweigen oder überhöhte Absetzbeträge geltend machen (Lea, Tarpy, & Webley, 1987).

Im Folgenden wird auf die Begründung für die Anwendungen von Strafen eingegangen, bevor empirische Arbeiten über die Wirkung von Strafen im Speziellen bei Steuerhinterziehung sowie im Allgemeinen diskutiert werden. Anschließend wird behandelt, wie die Strafen für Steuerhinterziehung die motivationale Haltung gegenüber der Steuerbehörde (*motivational postures*; Braithwaite, 2003) beeinflussen. Basierend auf theoretischen Überlegungen wird ein Modell erstellt, das mittels Strukturgleichungsmodellen (SEM) mit Amos 5 empirisch überprüft wird.

4.3 *Strafziele*

In rechtsphilosophischen, sozialwissenschaftlichen und juristischen Beiträgen finden sich verschiedene Argumente, die die Anwendung von Sanktionen im Falle von Regel- und Gesetzesübertretungen begründen (Carlsmith & Darley, 2008; Miller & Vidmar, 1981; Robinson & Darley, 1997; von Hirsch, 1981; Wenzel, 2003). Dabei werden zwei grundlegende Kategorien von Argumenten unterschieden, die sich nicht nur hinsichtlich ihrer inhaltlichen, sondern auch hinsichtlich ihrer zeitlichen Orientierung unterscheiden. Einerseits besagt die Perspektive der *Vergeltung* (*retribution* oder *just desert*), dass eine Strafe dann ausreichend gerechtfertigt ist, wenn Straftäter/innen das bekommen, was sie für ihre in der Vergangenheit verübte Tat verdienen. Dieses Strafziel kann auf Überlegungen von Kant zurückgeführt werden und besagt, dass ein/e Täter/in eine Strafe „verdient", die proportional zum begangenen Unrecht ist (Kant, 1952/1790; zitiert nach Carlsmith & Darley, 2008). Andererseits wird laut der Perspektive des *Utilitarismus* (*utilitarism)*[2] argumentiert, dass eine Strafe dann gerechtfertigt ist, wenn sie für die Gesellschaft einen Nutzen generiert, der in der Zukunft liegt, wie beispielsweise eine geringere Kriminalitätsrate. Diese Argumentation wird auf Bentham zurückgeführt (1962/1843; zitiert nach Carlsmith & Darley, 2008). Während sich das Ziel Vergeltung ausschließlich an den Täter/inne/n orientiert, kann im Utilitarismus unterschieden werden in Strafziele, die sich an den Täter/inne/n orientieren und solche, die sich an der Gesellschaft als Ganzes orientieren (Miller & Vidmar, 1981). Zu den utilitaristischen Zielen, die sich an den Täter/inne/n orientieren gehören Abschreckung, Isolation, Verunmöglichung, Resozialisierung/Rehabilitierung und Wiedergutmachung (Tabelle 1). Die auf die Gesellschaft bezogenen Ziele umfassen Abschreckung der Gesellschaft und Wiederherstellung der sozialen Normen (McFatter, 1982; Miller & Vidmar, 1981; Robinson & Darley, 1997; von Hirsch, 1981; Wenzel, 2003). Im Folgenden werden die einzelnen Strafziele kurz erläutert.

---

[2] Bei Miller und Vidmar (1981) findet sich anstelle von Utilitarismus die Bezeichnung Verhaltenskontrolle (behavior control) als Ausdruck einer Orientierung, die auf die Verhinderung von zukünftigem Unrecht abzielt.

Tabelle 1: Überblick über die Ziele von Strafen

	Orientierung an den Täter/inne/n	**Orientierung an der Gesellschaft**
Vergeltung	Vergeltung	
Utilitarismus	Abschreckung Isolation Verunmöglichung Resozialisierung/ Rehabilitierung Wiedergutmachung	Abschreckung der Gesellschaft Wiederherstellung der sozialen Normen

Vergeltung (*retribution*) zielt darauf ab, den Täter/inne/n eine Strafe aufzuerlegen, die dem entspricht was sie „verdienen" (daher auch *just desert*). Täter/innen sollen „proportional" zum Schweregrad ihres Vergehens „büßen", weil sie sich durch die Tat in eine vorteilhafte Position (beispielsweise in Bezug auf materielle Ressourcen) gebracht haben. Diesen Status müssen sie nun wieder verlieren, damit die Balance zwischen Täter/in, Gesellschaft und/oder Opfer wieder hergestellt ist (Heider, 1958; McFatter, 1982; Miller & Vidmar, 1981; Wenzel, Okimoto, Feather, & Platow, 2008). Auch die erforderliche Strafhärte kann als Teil von Vergeltung betrachtet werden (Tyler, Boeckmann, Smith, & Huo, 1997; Wenzel, 2003).

Abschreckung der Täter/innen (*special deterrence*): Abschreckung basiert auf der Annahme, dass potentielle Straftäter/innen die Kosten und Nutzen rational gegeneinander abwägen, bevor sie entscheiden, ob sie gegen Gesetze, Regeln oder soziale Normen verstoßen. Kontrollen und Strafen werden als Kosten betrachtet und dienen dazu, Täter/innen vor einer Straftat abzuhalten (Carlsmith & Darley, 2008; Carlsmith, Darley, & Robinson, 2002; McFatter, 1982).

Isolation des Täters/der Täterin (*isolation*): Die Täter/innen werden üblicherweise durch Inhaftierung von der Gesellschaft isoliert und können daher keine ähnliche Tat mehr verüben (Weiner, Graham, & Reyna, 1997).

Verunmöglichung (*incapacitation*): Das Strafziel überlappt sich teilweise mit dem der Isolation der Täter/in, ist aber noch weiter gefasst. Den Täter/inne/n wird die Möglichkeit zur Verübung einer Straftat beispielsweise durch Inhaftierung oder Entzug der Lizenzen genommen (Carlsmith & Darley, 2008).

Resozialisierung oder Rehabilitierung (*reeducation/rehabilitation*): Ziel ist es, dass die Täter/innen durch die Sanktion erkennen, dass sie etwas falsch gemacht haben, und dass sie in Zukunft die Regeln und Gesetze der Gesellschaft respektieren (McFatter, 1982; Weiner, Graham, & Reyna, 1997). Damit setzt dieses Ziel am persönlichen Unrechtsbewusstsein und an der Wiederherstellung der persönlichen Normen des Täters an.

Wiedergutmachung (*restitution*): Dabei geht es darum, den Schaden eines Vergehens wieder rückgängig zu machen, sofern dies möglich ist (Miller & Vidmar, 1981).

Abschreckung der Gesellschaft (general deterrence): Durch die Bestrafung von Straftäter/inne/n werden andere Mitglieder der Gesellschaft abgeschreckt, ein ähnliches Verbrechen zu begehen (Carlsmith & Darley, 2008; Miller & Vidmar, 1981; Weiner, Graham, & Reyna, 1997).

Wiederherstellung des sozialen Normen (*value restoration* oder *general positive prevention*): Die Bestrafung soll dazu führen, dass die Gesellschaft erkennt, dass Steuerhinterziehung falsch ist und dass das Bewusstsein für die Regeln und Gesetze gestärkt, die sozialen Normen stabilisiert und das Vertrauen in das Rechtssystem wiederhergestellt wird (Orth, 2003).

Inwieweit sind die beiden grundlegenden Perspektiven Vergeltung und Utilitarismus vereinbar? Eine konkrete Strafe kann verschiedenen Zielen dienen (Carlsmith & Darley, 2008; McFatter, 1982; Weiner, Graham, & Reyna, 1997). Angewandt auf ein Steuerdelikt könnte eine

Geldbuße beispielsweise dazu dienen, die Täter/innen proportional zu ihrem Vergehen büßen zu lassen (Vergeltung), sie davor abzuschrecken, noch einmal zu hinterziehen (Abschreckung), sie das Unrecht ihrer Tat erkennen zu lassen und sie zu veranlassen, sich künftig zu den Regeln und Gesetzen der Gesellschaft zu bekennen (Rehabilitierung/Resozialisierung), sowie den hinterzogenen Geldbetrag nachzuzahlen (Wiedergutmachung). Auch andere Bürger/innen würden dadurch abgeschreckt werden, selbst Steuern zu hinterziehen (Abschreckung der Gesellschaft) und würden in ihrem Bewusstsein über die gültigen Regeln und Gesetze der Gesellschaft bestärkt werden (Wiederherstellung der sozialen Normen). Carlsmith und Darley (2008) argumentieren, dass zwar beide Perspektiven zur Rechtfertigung von konkreten Strafen herangezogen werden können, dass diese jedoch in letzter Konsequenz nicht sinnvoll vereinbar sind, da sie in manchen Fällen zu völlig anderen Sanktionsempfehlungen gelangen würden. Beispielsweise würde gemäß Utilitarismus ein/e Straftäter/in verschont bleiben und damit seiner/ihrer „gerechten Strafe" entgehen (Vergeltung), wenn die Strafe keinen Nutzen für die Gesellschaft hat. Andererseits würde ein hoher gesellschaftlicher Nutzen im Extremfall rechtfertigen, dass ein/e Täter/in - zur Abschreckung - unverhältnismäßig streng bestraft würde. Daher ist es wichtig, sowohl die beiden Perspektiven (Vergeltung versus Utilitarismus) wie auch die spezifischen Strafziele und deren Orientierung an den Täter/inne/n oder der Gesellschaft konzeptuell zu trennen.

4.4 Die Wirkung von Strafen im Kontext von Steuerhinterziehung und Schwarzarbeit

Die Effektivität von Strafen hinsichtlich der Verhinderung von Steuerhinterziehung war Gegenstand vieler Untersuchungen. Bereits in den 1970er Jahren erforschte Vogel (1974), welche Strafen für Steuerhinterziehung im Vergleich zu anderen Vergehen als angemessen beurteilt werden. Für den Fall, dass jemand mit einem jährlichen Einkommen von 4000 Dollar einen Teil davon (200 Dollar) hinterzieht, befindet eine Mehrheit der Befragten eine Geldbuße als fair (82.8 %), 11.7 % stimmen für eine Haftstrafe und nur 3.4 % halten keine Strafe für angemessen. Betrachtet man andere Vergehen in derselben Schadenshöhe und unter Konstanthalten des Einkommens, stimmen sowohl bei Scheckbetrug (37.5 %) als auch bei Einbruch

(53.9 %) deutlich mehr Personen für eine Haftstrafe. Sogar wenn die Hälfte des Einkommens von 20.000 Dollar hinterzogen wird, stimmen mehr Befragte für eine Geldbuße (51.7 %) als für eine Haftstrafe (44.6 %). Vogel interpretierte die Ergebnisse seiner Studie dahingehend, dass die Befragten relativ tolerant gegenüber Steuerhinterziehung sind.

Es gibt empirische Belege dafür, dass strenge Strafen zu einer höheren Steuerehrlichkeit führen. In einem Experiment von Friedland, Maital und Rutenberg (1978) wurden die Strafhöhe und die Prüfwahrscheinlichkeit (mit 6.7 % Wahrscheinlichkeit das 15-fache des Hinterziehungsbetrages oder mit 33.3 % Wahrscheinlichkeit das 3-fache des Hinterziehungsbetrages) sowie die Steuerrate (25 % oder 50 %) variiert und deren Einfluss auf das deklarierte Einkommen erfasst. Dabei wurde das Einkommen im Fall von höheren Strafen ehrlicher deklariert als im Fall von geringeren Strafen. Auch bei Park und Hyun (2003) hatte die Wahrscheinlichkeit einer Steuerprüfung, noch deutlicher aber die Strafe, einen Einfluss auf die Steuerehrlichkeit. In einer experimentellen Fragebogenstudie zeigten Muehlbacher, Hoelzl & Kirchler (2007), dass Strafen, die an das Einkommen angepasst werden, bei Personen mit höherem Einkommen zu einer höheren Steuerehrlichkeit führen als Strafen, die sich ausschließlich am Hinterziehungsbetrag orientieren. Sie plädieren daher dafür, dass die Strafen besonders für höhere Einkommensgruppen an das Einkommen angepasst werden, damit sie als Abschreckung dienen.

Es gibt aber auch Studien, die zeigen, dass Strafen keinen oder einen nur geringeren Einfluss auf die Steuerehrlichkeit haben als andere Faktoren. Schwartz und Orleans (1967) fanden zwar einen signifikanten Einfluss der Strafen auf die Steuerehrlichkeit, noch wirkungsvoller waren aber moralische Appelle. Auch bei Spicer und Lundstedt (1976) war der Einfluss der deskriptiven sozialen Normen und der Gerechtigkeit auf die Steuerehrlichkeit signifikant, während der Einfluss der Strafe nicht signifikant war.

Wenn es um die Festsetzung der Strafen für Steuerhinterziehung geht, ist nicht nur die Frage relevant, wie wirkungsvoll Strafen Steuerhinterziehung verhindern, sondern auch, ob die Strafen in Anbetracht des hinterzogenen Betrages als angemessen und gerecht wahrgenommen werden. Es gibt nur wenige Studien über die Angemessenheit und Gerechtigkeit von Strafen für Steuerhinterziehung (Wenzel &

Thielmann, 2006), aber eine Reihe von Studien im Zusammenhang mit anderen Delikten, angefangen von geringen Vergehen wie gegen die Einbahn fahren, über Betrug, bis hin zu Kapitalverbrechen wie Mord (Carlsmith, 2008; McFatter, 1982; Oswald, Orth, & Hupfeld, 2003, etc.). Wenzel und Thielmann (2006) erforschten in einem Steuerszenario die Präferenz für traditionelle (Gefängnisaufenthalt) und alternative Strafen (gemeinnützige Arbeit und ein obligatorisches Erziehungsprogramm) in Abhängigkeit von der nationalen Identifikation und davon, ob man eher Vergeltung (retributive Gerechtigkeit) oder die Wiederherstellung der sozialen Werte und Normen (restaurative Gerechtigkeit) bevorzugt. Entsprechend der Erwartungen bevorzugten Personen mit einer retributiven Orientierung eher die traditionelle Strafe und lehnten die alternativen Strafen eher ab, während Personen mit einer restaurativen Orientierung eher die alternative Strafe wählten.

McFatter (1982) befragte Studierende, in welchem Ausmaß unterschiedliche harte Sanktionen den Strafzielen Vergeltung, Verunmöglichung, Abschreckung der Täter/innen und der Gesellschaft dienen und wie angemessen diese Sanktionen beurteilt werden. Die Angemessenheit einer Sanktion hing davon ab, ob durch die Strafe die Ziele Vergeltung und Rehabilitation realisiert werden. Wurden die Studierenden jedoch anschließend explizit danach befragt, nach welchen Kriterien eine Sanktion beurteilt werden soll, war das Ziel der Abschreckung wichtiger. Möglicherweise lag es an der Art der Delikte, dass Vergeltung eine so wichtige Rolle gespielt hat (McFatter, 1982). Bei Steuerhinterziehung könnten andere Strafziele eine wichtigere Rolle spielen, da es hier kein klar zu identifizierendes Opfer gibt beziehungsweise die Gesellschaft als Ganze Opfer ist (Wenzel & Thielmann, 2006).

Warum beschäftigt sich die wissenschaftliche Forschung mit der Frage, welche Strafen juristischen Laien als angemessen oder gerecht erscheinen? Der Grund liegt in der Befürchtung, dass durch eine große Diskrepanz zwischen dem Strafverständnis der Laien und der gängigen Sanktionspraxis eines Staates sowohl das Vertrauen in den Rechtsstaat als auch die Normbefolgung leidet (Oswald, Orth, & Hupfeld, 2003). Vertrauen in den Staat ist eine wichtige Voraussetzung dafür, dass die Bürger/innen die jeweiligen Steuergesetze freiwillig befolgen, ohne durch strenge Kontrollen und Strafen dazu angehalten zu werden (Kirchler, 2007; Kirchler, Hoelzl & Wahl, 2008). Werden die angewandten Strafen als unverhältnismäßig zur Tat und daher ungerecht angesehen, so können daraus negative Haltungen gegenüber Steuern und der Steuerbehörde resultieren und in weiterer Folge die Steuerehrlichkeit sinken.

4.5 Steuerbezogene Motivationstendenzen

Steuerzahler/innen beobachten und bewerten das Verhalten und die Entscheidungen der Steuerbehörde (Braithwaite, 2003). Mit der Zeit entwickeln sich aus diesen akkumulierten Beobachtungen und Bewertungen gewisse Motivationstendenzen (*motivational postures*). Diese werden mit anderen Steuerzahler/inne/n diskutiert, gegebenenfalls modifiziert und stehen in direktem Zusammenhang mit der Steuerehrlichkeit (Hartner, Rechberger, Kirchler, & Schabmann, 2008).

Braithwaite (2003) unterscheidet fünf dieser Motivationstendenzen, von denen zwei eher eine positive Haltung gegenüber der Steuerbehörde ausdrücken und drei eher Ausdruck einer negativen Haltung sind.

Die positive Haltung, die auch als *Fügsamkeit* (*deference*) bezeichnet werden kann, umfasst *Verpflichtung* (*commitment*) und *Kapitulation* (*capitulation*). Verpflichtung bedeutet, dass es als moralische Verpflichtung gesehen wird, zum Wohl der Gemeinschaft Steuern zu zahlen. Kapitulation vor der Steuerbehörde bedeutet, dass diese als legitime Autorität zur Durchsetzung der Gesellschaftsinteressen gesehen wird, deren Entscheidungen nicht angezweifelt werden.

Die negative Haltung wird mit *Missachtung* (*defiance*) umschrieben und umfasst laut Braithwaite (2003) *Widerstand* (*resistance*), *Loslösung* (*disengagement*) und eine *spielerische Haltung* (*game playing*). Wer gegenüber der Steuerbehörde im Widerstand ist, hat Zweifel über die gute Absicht und/oder Autorität der Steuerbehörde und gibt Acht, dass die eigenen Rechte gewahrt bleiben. Loslösung ist durch eine hohe soziale Distanz und Resignation gekennzeichnet. Wer gegenüber der Steuerbehörde eine *spielerische Haltung (game playing)* einnimmt, sieht die Steuergesetze nicht als fixe Vorschriften, sondern als etwas, das „spielerisch" zum eigenen Vorteil ausgelegt werden kann. Empirische Studien konnten zeigen, dass Fügsamkeit (Verpflichtung und Kapitulation) positiv und Missachtung (Widerstand, Loslösung, spielerische Haltung) negativ mit Steuerehrlichkeit assoziiert ist (Braithwaite, 2003).

Die Überlegungen der diskutierten Studien über die Angemessenheit von Strafen hinsichtlich relevanter Strafziele und deren möglichen Implikationen für die steuerbezogenen motivationalen Haltungen und Steuerehrlichkeit wurden in ein Modell übertragen, das empirisch überprüft werden soll. Konkret wird erforscht, wie die derzeit in Österreich angewandten Strafen für Steuerhinterziehung hinsichtlich der Strafziele Vergeltung, Abschreckung der Gesellschaft und Wiederherstellung der sozialen Normen wahrgenommen werden, und welchen Einfluss dies auf die steuerbezogenen Motivationstendenzen und letztlich auf die Steuerehrlichkeit hat.

Wenn die Wahrnehmung vorherrscht, dass die aktuellen Strafen in Österreich den Strafzielen der Vergeltung und der Abschreckung dienen, dann sollte sich eher eine negative Haltung gegenüber der Steuerbehörde (Missachtung) zeigen. Wenn hingegen die Wahrnehmung dominiert, dass die derzeitigen Strafen vordergründig dazu dienen, den gesellschaftlichen Wertekonsens über Steuerehrlichkeit wieder herzustellen, kann sich eine positive Haltung zu Steuern und zur Steuerbehörde (Fügsamkeit) bilden. In weiterer Folge ist Fügsamkeit positiv und Missachtung negativ mit der Steuerehrlichkeit verbunden.

4.6 *Empirische Studie über Strafen in Österreich und deren Implikationen für steuerbezogene Motivationstendenzen und die Steuerehrlichkeit*

4.6.1 *Methode*

4.6.1.1 *Stichprobe*

Insgesamt nahmen 523 Personen an der Befragung "SIT-Tax: (Duale) soziale Identität, Gerechtigkeit, Normen und Steuerehrlichkeit" teil (Rechberger, Hartner, & Kirchler, 2009). Die Datenerhebung fand im Juni 2008 mit Unterstützung des Marktforschungsinstituts GfK Austria GmbH statt. Dabei wurde der Link zur Online-Befragung an eine zufällig ausgewählte Stichprobe des Online-Panels verschickt, die die erforderlichen Kriterien (Österreicher/in, Selbstständige/r und Steuerzahler/in) erfüllen. Nach Ausschluss jener Personen, die nicht zur angestrebten Zielgruppe gehören, konnten die Daten von 339 Personen analysiert werden.

Die Stichprobe ist hinsichtlich des Alters ($M = 45.03$, $SD = 10.50$, $Md = .44$) repräsentativ für Österreich ($x^2(9) = 5.59$, $p = 0.78$), wie ein Vergleich mit den Daten der Statistik Austria Mikrozensus-Arbeitskräfteerhebung (Statistik Austria, 2006) belegt (Tabelle 2). Im Vergleich zu den Daten der Statistik Austria sind die Männer in der Stichprobe mit 73.2 % leicht überrepräsentiert ($x^2(1) = 9.74$, $p < 0.01$). Auch in Bezug auf den Wohnort finden sich Unterschiede ($x^2(8) = 39.89$, $p < .001$) dahingehend, dass in der Stichprobe Selbstständige aus Tirol und Oberösterreich unterrepräsentiert, und solche aus dem Burgenland und Wien überrepräsentiert sind. Insgesamt zählen sich 32.7 % zur Berufskategorie der freien Berufe (z.B. Notar/in), 6.5 % zu den Inhaber/innen, Geschäftsführer/innen, Direktor/innen von größeren Firmen und 60.8 % von kleineren Firmen. Das durchschnittliche jährliche Brutto-Einkommen liegt für 38.6 % zwischen € 10.001 und € 30.000, 29.8 % verdienen zwischen € 30.001 und € 50.000, 12.7 % zwischen € 50.001 und € 70.000 und 18.9 % verdienen mehr als € 70.000.

Tabelle 2: Repräsentativität der Stichprobe hinsichtlich Alter, Geschlecht, Bundesland im Vergleich mit Daten der Mikrozensus Arbeitskräfteerhebung 2006 (Statistik Austria, 2006)

Altersgruppe	Aktuelle Studie		Mikrozensus-Arbeitskräfteerhebung (2006)		Differenz
	Häufigkeit	Prozent	Häufigkeit	Prozent	Prozent
20 bis 24 Jahre	3	0.88	8100	1.68	-0.80
25 bis 29 Jahre	17	5.01	23500	4.88	0.13
30 bis 34 Jahre	38	11.21	43200	8.97	2.24
35 bis 39 Jahre	55	16.22	74400	15.45	0.77
40 bis 44 Jahre	57	16.81	84400	17.53	-0.72
45 bis 49 Jahre	51	15.04	83900	17.42	-2.38
50 bis 54 Jahre	50	14.75	73100	15.18	-0.43
55 bis 59 Jahre	38	11.21	50600	10.51	0.70
60 bis 64 Jahre	18	5.31	20700	4.3	1.01
über 65 Jahre	12	3.54	18500	3.84	-0.30
Gesamt	339	100.00	481500	100.00	0.00

Geschlecht	Aktuelle Studie		Mikrozensus-Arbeitskräfteerhebung (2006)		Differenz
	Häufigkeit	Prozent	Häufigkeit	Prozent	Prozent
Männer	248	73.16	308016	65.08	8.08 *
Frauen	91	26.84	165288	34.92	-8.08
Gesamt	339	100.00	473304	100.00	0.00

Bundesländer	Aktuelle Studie		Mikrozensus-Arbeitskräfteerhebung (2006)		Differenz
	Häufigkeit	Prozent	Häufigkeit	Prozent	Prozent
Vorarlberg	9	2.65	15029	3.88	-1.23
Tirol	16	4.72	33581	8.66	-3.94 *
Salzburg	26	7.67	27151	7.00	0.67
Oberösterreich	41	12.09	65112	16.80	-4.71 *
Kärnten	25	7.37	26072	6.73	0.64
Steiermark	49	14.45	60240	15.54	-1.09
Burgenland	19	5.60	12797	3.30	2.30 *
Niederösterreich	59	17.40	79047	20.39	-2.99
Wien	95	28.02	68605	17.70	10.32 **
Gesamt	339	100.00	387634	100.00	0.00

Anmerkung: * $p < .05$; ** $p < .01$

4.6.1.2 Material

Untersucht wurden die Konzepte Wahrnehmung der Strafen für Steuerhinterziehung in Bezug auf die ausgewählten Strafziele (Vergeltung, Abschreckung der Gesellschaft, Wiederherstellung der sozialen Normen), steuerbezogene Motivationstendenzen und Steuerehrlichkeit. Als Antwortformat wurde eine 7-stufige Skala von 1 (stimme gar nicht zu) bis 7 (stimme völlig zu) gewählt. Die Messmodelle wurden mittels Konfirmatorischer Faktorenanalyse (CFA) durch Amos 5 überprüft und darauf basierend die Items selektiert, die zur Modellprüfung herangezogen werden (siehe Anhang).

1. Steuerehrlichkeit

Die befragten Selbstständigen sollten ihre Zustimmung dazu äußern, ob sie in ihrer Steuererklärung immer vollkommen ehrlich waren oder bereits illegale Abschreibungen gemacht haben. Die fünf Items, die auf Basis der CFA ausgewählt wurden, weisen einen guten Fit auf (Goodness-of-Fit Index (GFI[3]) = .99; Comparative-Fit Index (CFI) = .99; Root Mean Square Error of Approximation (RMSEA[4]) = .05; χ^2 (4, N = 339) = 7.12, p = .13). Die Reliabilität der ausgewählten Items ist mit Cronbach α von .77 zufriedenstellend.

2. Steuerbezogene Motivationstendenzen (motivational postures)

Diese können als motivationale Haltungen im Kontext des Steuerzahlens gesehen werden, die die soziale Distanz reflektieren, die Individuen zwischen sich und der Steuerbehörde sehen möchten (Braithwaite, 2003). Bei der Überprüfung der Messmodelle wurde ermittelt, wie hoch die einzelnen Items auf der jeweiligen Subskala (d.h. Verpflichtung, Kapitulation, Widerstand, Loslösung, spielerische Haltung) laden, wenn diese gleichzeitig analysiert werden. Der Fit ist mit GFI = .97, CFI = .96 und RMSEA = .06 sehr gut. Dass χ^2 (25, n = 339) = 54.60 mit $p < .05$ signifikant ist, kann laut Byrne (2001) an der Stichprobengröße liegen und kann vernachlässigt werden, wenn die Fit-Indices für eine gute Passung zwischen Daten und Modell spre-

[3] Der GFI gibt an, wie gut das Modell zu den Daten passt, verglichen mit keinem Modell, der CFI berücksichtigt zusätzlich die Stichprobengröße. Beide Indices nehmen einen Wert zwischen 0 und 1 an und sind umso besser, je näher dieser bei 1 ist (Byrne, 2001).

[4] Wenn RMSEA kleiner ist als .05 bis .08 liegt ein guter bis akzeptabler Fit vor (Byrne, 2001).

chen. Je Subskala wurden die zwei Items mit den höchsten Ladungen selektiert und weiter zusammengefasst. Damit wird der latente Faktor „Fügsamkeit“ von den Items der Subskalen „Verpflichtung“ und „Kapitulation“ bestimmt (M = 4.89, SD = 1.21, Md = 5, Cronbach α = .66), der latente Faktor „Missachtung” von den Items der Subskalen „Widerstand” und „Loslösung” (M = 3.257, SD = 1.26, Md = 3.5, Cronbach α =.70), und die Items der Subskala „spielerische Haltung” werden als Einzelindikator betrachtet (M= 4.00, SD = 1.91, Md = 4, r = .79).

3. Strafziele

Aus der Literatur wurden jene Strafziele ausgewählt und in die Befragung integriert, die für Steuerhinterziehung am relevantesten sind. Ursprünglich waren dies Vergeltung, Abschreckung des Täters, Abschreckung der Gesellschaft, Resozialisierung/Rehabilitierung und Wiederherstellung der sozialen Normen. Bei der Überprüfung der Messmodelle wurden die Items zur Vergeltung, Abschreckung der Gesellschaft und Wiederherstellung der sozialen Normen ausgewählt. Die Items zu Abschreckung und Resozialisierung/Rehabilitierung des Täters wurden aus Gründen der Multikollinearität nicht in die weitere Analyse aufgenommen. *Vergeltung* wird durch die beiden Subdimensionen *Degradierung des Täters* und *Strafhärte* erfasst. Mit dem Strafziel *Wiederherstellung der sozialen Normen* wird erfasst, inwieweit die derzeitigen Sanktionen für Steuerhinterziehung in Österreich dazu beitragen, dass der gesellschaftliche Konsens über die durch Steuerhinterziehung verletzten Werte und Normen wiederhergestellt wird. Das Strafziel der *Abschreckung der Gesellschaft* bezieht sich auf die Wahrnehmung, dass die derzeitigen Sanktionen für Steuerhinterziehung eine abschreckende Wirkung auf die Gesellschaft haben, selbst Steuern zu hinterziehen. Der Fit ist mit GFI = .94, CFI = .96 und RMSEA =.10 (χ^2 (21, N = 339) = 88.61 mit p < .01) akzeptabel. Die jeweils zwei Items zu Degradierung des Täters (M = 3.83, SD = 1.48, r = .72) und Strafhärte (M = 3.82, SD = 1.41, r = .66) wurden auf Basis signifikanter Korrelationen zu je einer Skala zusammengefaßt und als Subdimensionen von Vergeltung in die nachfolgende Analyse integriert. Cronbach α für die Gesamtskala der Vergeltung liegt bei .85. Die drei Items zur Wiederherstellung der Normen (M = 3.26, SD = 1.40, Cronbach α = .88) sowie die zwei Items zur Abschreckung (M = .3.36, SD = 1.48, r = .85) wurden zu je einer Skala zusammengefasst und in dieser Form in das Strukturgleichungsmodell integriert. Tabelle

3 gibt einen Überblick über die Mittelwerte, Standardabweichungen und Korrelationen der verwendeten Variablen.

Um die Verbindungen zwischen der aktuellen Wahrnehmung der Strafen für Steuerhinterziehung hinsichtlich der Strafziele (Vergeltung, Abschreckung der Gesellschaft und Wiederherstellung der sozialen Normen), den steuerbezogenen Motivationstendenzen und der Steuerehrlichkeit zu erforschen, wurde ein Modell entwickelt (Abbildung 1) und mithilfe eines Strukturgleichungsmodells (SEM) mit A-mos 5 getestet. Dieses Modell betrachtet die Einschätzungen bezüglich der Strafziele als exogene Faktoren, die sich auf die steuerbezogenen Motivationstendenzen Fügsamkeit, Missachtung und spielerische Haltung auswirken, welche ihrerseits die Steuerehrlichkeit beeinflussen.

Tabelle 3: Mittelwerte, Standardabweichungen und Korrelationen (Pearson)

	M	***SD***	**1**	**2**	**3**	**4**	**5**	**6**	**7**
1 Wiederherstellung sozialer Normen	3.26	1.40	1	0.29***	0.67***	0.35***	-0.17**	-0.05	0.06
2 Vergeltung	3.82	1.31		1	0.43***	-0.05	0.074	0.00	-0.04
3 Abschreckung	3.36	1.48			1	0.18**	-0.08	-0.02	0.05
4 Fügsamkeit	4.89	1.21				1	-0.39***	-0.05	0.24**
5 Missachtung	3.57	1.26					1	0.28***	-0.26***
6 Spielerische Haltung	4.00	1.91						1	-0.17**
7 Steuerehrlichkeit	5.60	1.35							1

*Anmerkung: * p < .05; ** p < .01; *** p < .001*

Abbildung 1: Modell über Einfluss der Strafen auf die steuerbezogenen Motivationstendenzen und zur Steuerehrlichkeit

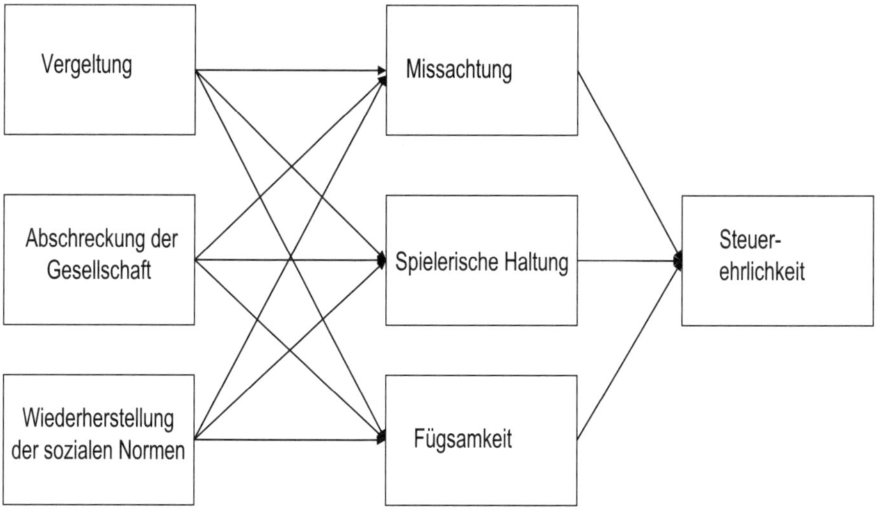

4.6.1.3 Ergebnisse

Ein zufriedenstellender Fit zeigt, dass das Modell die Daten hinreichend gut erklärt (GFI = .93, CFI = .91, RMSEA = .07; χ^2 (64, N = 339) = 175.54, $p < .01$). Vergeltung wirkt sich signifikant negativ auf Fügsamkeit aus ($\beta = -.28$, $p < .01$) und signifikant positiv auf Missachtung ($\beta = .20$, $p < .05$), während es nicht mit der spielerischen Haltung ($\beta = .03$, $p = .70$) in Verbindung zu stehen scheint. Die Wiederherstellung der sozialen Normen weist eine positive Beziehung zu Fügsamkeit ($\beta = .59$, $p < .001$), eine negative zu Missachtung ($\beta = -.22$, $p < .05$) und keine Beziehung zur spielerischen Haltung ($\beta = -.07$, $p = .38$) auf. Wer wahrnimmt, dass Steuerhinterzieher/innen für ihre Tat büßen müssen und streng bestraft werden, entwickelt tendenziell keine positive (Fügsamkeit), sondern eine negative Haltung zu Steuern (Missachtung). Wer hingegen wahrnimmt, dass Strafen unter anderem zur Stärkung der sozialen Normen eingesetzt werden, entwickelt eher eine Haltung der Fügsamkeit als der Missachtung hinsichtlich Steuern und der Steuerbehörde. Die Verbindungen zwischen dem Strafziel der Abschreckung und den Motivationstendenzen Fügsamkeit ($\beta = -.03$, $p = .79$), Missachtung ($\beta = -.06$, $p = .49$) und spielerische Haltung ($\beta = .00$, $p = .99$) sind zu vernachlässigen. Hinsichtlich der Beziehungen zwischen den steuerbezogenen Motivationstendenzen und der Steuerehrlichkeit fällt auf, dass Missachtung (β = -.32, p < .001) und spielerische Haltung (β = -.14, p < .05) einen signifikanten negativen Einfluss auf die Steuerehrlichkeit haben, während der Einfluss von Fügsamkeit (β = .10, p = .19) erwartungsgemäß positiv, aber nicht signifikant ist. Offenbar wirkt sich eine negative Haltung stärker auf das Steuerverhalten aus als eine positive Haltung. Die spielerische Haltung scheint nicht mit der Wahrnehmung der aktuellen Strafen in Verbindung zu stehen, hat aber einen signifikanten negativen Einfluss auf die Steuerehrlichkeit.

Da die Verbindungen zwischen den Strafzielen und spielerische Haltung sowie die Verbindungen zwischen Abschreckung der Gesellschaft und Fügsamkeit, Missachtung und spielerische Haltung nicht signifikant waren, soll nun mittels geschachtelten Tests ein alternatives Modell geprüft werden, bei dem diese Verbindungen auf 0 fixiert werden. Dies erlaubt Aussagen darüber, ob sich der Fit durch die Eliminierung der Verbindungen verbessert oder verschlechtert. Im Anschluss wird der Unterschied zwischen den χ^2-Werten auf Signifikanz geprüft (Reinecke, 2005). Der Fit dieses alternativen Modells (vgl. Modell 2 in Tabelle 4) ist mit $\Delta\chi^2$ = 6.85, Δdf = 6 und p = .33 nicht signifikant schlechter als der Fit von Modell 1, das alle Verbindungen von Abschreckung und spielerische Haltung frei schätzen läßt.

Tabelle 4: Fit des Modells (M1), in dem alle Parameter frei geschätzt wurden im Vergleich mit dem Modell, in dem die Verbindungen zu spielerische Haltung und Abschreckung auf 0 fixiert wurden (M2) sowie das Modell ohne spielerische Haltung und Abschreckung (M3)

N = 339	χ^2	d.f.	GFI	CFI	RMSEA
M1	175.54	64	0.93	0.91	0.07
M2	182.39	70	0.93	0.91	0.07
M3	141.78	47	0.93	0.91	0.08

Anmerkung: GFI, Goodness-of-Fit Index; CFI, Comparative Goodness-of-Fit Index; RMSEA, Root Means Square Error of Approximation.

Da bei gleich guter Passung einem simpleren Modell der Vorzug gegeben werden soll (Reinecke, 2005), wurde ein finales Modell formuliert, in dem die latenten Variablen Abschreckung und spielerische Haltung sowie deren Verbindungen eliminiert wurden (Abbildung 2). Dieses Modell repräsentiert die Daten zufriedenstellend gut (GFI = .93, CFI = .91, RMSEA = .08; χ^2 (47, N = 339) = 141.78, $p < .01$). Die Verbindung von Vergeltung mit Missachtung ist signifikant positiv (β = .17, $p < .05$), jene mit Fügsamkeit signifikant negativ (β = -.28, $p < .01$). Die Wahrnehmung, dass die derzeitigen Strafen für Steuerhinterziehung der Vergeltung dienen, begünstigt die Ausbildung einer negativen Haltung (Missachtung) und verhindert die Ausbildung einer positiven Haltung (Fügsamkeit). Im Unterschied dazu begünstigt die Wahrnehmung, dass die aktuellen Strafen der Wiederherstellung der sozialen Normen dienen, eine positive Haltung zu Steuern (β = .57, $p < .001$) und macht die Ausbildung einer negativen Haltung unwahrscheinlicher (β = -.25, $p < .001$). Auch in Modell 3 zeigt sich, dass der Einfluss von Fügsamkeit auf die Steuerehrlichkeit minimal ist (β = .08, p = .28), während Missachtung eine signifikante negative Beziehung (β = -.37, $p < .001$) zu Steuerehrlichkeit hat.

*Abbildung 2: Ergebnis des SEM für das Modell ohne Abschreckung und spielerische Haltung (M3). Die mit *p < .05; **p < .01; ***p < .001 signifikanten standardisierten Regressionsgewichte sind in der Abbildung markiert.*

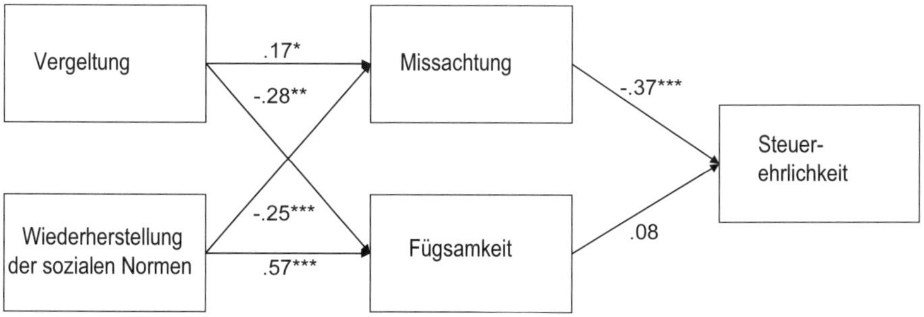

4.7 Diskussion und Ausblick

Wie wirken sich Urteile über Strafen für Steuerhinterziehung darauf aus, welche steuerbezogenen Motivationstendenzen ausgebildet und welches Verhalten beim Bezahlen der Steuern gezeigt wird? In der vorliegenden Fragebogenstudie zeigte sich, dass das Strafziel „Vergeltung" positiv mit einer negativen („Missachtung") und negativ mit einer positiven Motivationstendenz hinsichtich Steuern („Fügsamkeit") assoziiert ist. Die Wahrnehmung, dass Steuerhinterzieher/innen ihre gerechte Strafe bekommen und für ihre Tat büßen müssen, steht in Zusammenhang damit, dass sich die befragten Steuerzahler/innen eher in Opposition zur Steuerbehörde positionieren und eher keine positive motivationale Haltung entwickeln. Erwartungsgemäß ist das Strafziel „Wiederherstellung der sozialen Normen" negativ mit Missachtung und positiv mit Fügsamkeit assoziiert. Das heißt, wenn durch die Bestrafung von Steuerhinterzieher/innen klar wird, dass Steuerhinterziehung Unrecht ist, entwickeln die befragten Steuerzahler/innen eher eine positive Haltung zur Steuerbehörde anstelle einer negativen. Die Verbindung zwischen Missachtung und „Steuerehrlichkeit" ist signifikant negativ, wer sich in Opposition zur Steuerbehörde definiert, gibt auch eher zu, dass er oder sie nicht das gesamte Einkommen deklariert oder überhöhte Absetzbeträge geltend macht. Das Ergebnis, dass sich die positive Motivationstendenz (Fügsamkeit) nicht auf die Steuerehrlichkeit auswirkt, widerspricht den Erwartungen. Offenbar wirken negative Haltungen stärker auf das Verhalten als positive Haltungen, wie bereits in einer anderen Studie über den Einfluss der steuerbezogenen Motivationstendenzen auf Steuerhinterziehung gezeigt wurde (Hartner, Rechberger, Kirchler, & Schabmann, 2008). Im Gegensatz zu den anderen beiden Strafzielen wirkte sich „Abschreckung der Gesellschaft" in dieser Studie nicht darauf aus, welche Haltungen die Befragten gegenüber der Steuerbehörde entwickeln. Auch bei Carlsmith und seinen Kollegen zeigte sich, dass bei der Entscheidung für eine adäquate Strafe Vergeltung wichtiger ist als Abschreckung (Carlsmith, 2006; Carlsmith, Darley, & Robinson, 2002).

Hinsichtlich der „spielerischen Haltung", die dadurch gekennzeichnet ist, dass die eigene Steuerlast durch die geschickte Interpretation der Gesetze zu minimieren versucht wird, waren die Ergebnisse unerwartet. Offenbar wirkte sich die Einschätzung der derzeitigen Sanktionen hinsichtlich der Strafziele nicht auf die spielerische Haltung aus, dennoch gibt es eine signifikante negative Verbindung zur Steuerehrlichkeit. Möglicherweise ist die spielerische Haltung mehr durch eine individuelle Orientierung gegenüber Regeln und Gesetzen geprägt, und deshalb unabhängig von den verhängten Sanktionen. Im finalen Modell wurde spielerische Haltung und Abschreckung nicht mehr berücksichtigt, da der Fit des vereinfachten Modells gut war und daher das sparsamere Modell gewählt wurde (Reinecke, 2005).

Eine Stärke der Studie ist der Umstand, dass es sich bei den Teilnehmer/innen nicht um Studierende, sondern um selbstständige Steuerzahler/innen handelt, die annähernd repräsentativ für Österreich sind und als Selbstständige tatsächlich Erfahrung mit Steuern haben (Rechberger, Hartner, & Kirchler, 2009). Da es sich bei den Befragten um freiwillige Teilnehmer/innen des Online-Panels der GfK Austria GmbH handelt, können Effekte der Stichprobenziehung nicht vollständig ausgeschlossen werden. Ausserdem beruhen die Daten über Steuerehrlichkeit auf den Eigenberichten der befragten Selbstständigen. Fragen über Steuern im Allgemeinen, insbesondere über das eigene (möglicherweise nicht ganz ehrliche) Steuerverhalten im Speziellen sind höchst sensibel, daher ist es möglich, dass die Befragten ihre Antworten im Sinne der sozialen Erwünschtheit verfälscht haben. Da es sehr schwer ist, objektive Daten über das Steuerverhalten zu bekommen, wurde dieser Problematik so begegnet, dass den Teilnehmer/innen Vertraulichkeit zugesichert wurde.

Auf Basis der vorliegenden Ergebnisse müsste man bei einem Versuch, die Steuerehrlichkeit zu steigern, vor allem zu verhindern versuchen, dass sich eine negative Haltung zur Steuerbehörde entwickelt. Dazu wäre es hilfreich, wenn Strafen in der Wahrnehmung der Steuerzahler/innen nicht nur dazu beitragen, dass unehrliche Steuerzahler/innen ihre „gerechte Strafe" bekommen und für ihr Vergehen „büßen" müssen. Zusätzlich müßte bei der Bestrafung auch kommuniziert werden, dass Steuerhinterziehung Unrecht ist, sodass der Konsens über die sozialen Normen und Werte wiederhergestellt wird.

Konkret würde dies bedeuten, dass das Finanzministerium Kampagnen schaltet, in denen Steuerhinterziehung klar verurteilt wird und gleichzeitig kommuniziert wird, dass Steuerhinterzieher/innen ihre ‚verdiente' Strafe bekommen.

In weiteren Studien könnte erforscht werden, inwieweit diese unterschiedlichen Strafziele im Rahmen von konkreten Sanktionsmaßnahmen, wie zum Beispiel Geldbußen, Gefängnisstrafen und Freiheitsentzug, berücksichtigt werden.

5 Die Finanzkrise und das Allgemeinwohl: Wie werden Staatsinterventionen ethisch gerechtfertigt?

von Julia Pitters und Thomas Oberlechner

5.1 Zusammenfassung

Die aktuelle Finanz- und Wirtschaftskrise kann als schlechtest möglicher Ausgang eines sozialen Dilemmas verstanden werden (Dawes, 1980; Messick & Brewer, 1983). Vor der Krise profitierten wenige Investoren und Firmen auf Kosten der breiten Bevölkerung. Heute produzieren die laufenden wirtschaftspolitischen Bestrebungen, den Folgen der Krise zu begegnen, ein weiteres Dilemma. Wenn der Staat bankrotte Unternehmen rettet, bezahlt er dies mit Steuergeldern der Allgemeinheit, die für die Krise nicht primär verantwortlich ist. Andererseits verringert er durch sein Eingreifen negative soziale Auswirkungen wie steigende Arbeitslosigkeit und die damit verbundenen Kosten für die Gesellschaft. Ein wesentlicher Aspekt des gegenwärtigen Dilemmas besteht darin, dass Entscheidungen über das (Nicht)Intervenieren des Staates notwendigerweise eine ethische Dimension beinhalten. Ob interveniert werden soll oder nicht, lässt sich mit ethischen Grundhaltungen begründen wie etwa dem Utilitarismus, der die Konsequenzen für die Allgemeinheit in den Vordergrund rückt, oder der Deontologie, die das Befolgen bestimmter universeller Prinzipien und Pflichten betont.

Der vorliegende Beitrag untersucht anhand von zwei in Österreich durchgeführten Studien, inwiefern ein Eingreifen des Staates in der Finanzkrise unter Wirtschaftsjournalisten als öffentlichen Meinungsbildnern und unter der Allgemeinbevölkerung als gerechtfertigt angesehen wird und auf welcher ethischen Argumentation die jeweiligen Urteile basieren. In unserer ersten Studie wurden N = 44 Wirtschaftsjournalisten österreichischer Medien in persönlichen Interviews befragt. Die Mehrheit der Journalisten befürwortet das Eingreifen des Staates in der Finanzkrise und begründet ihre Meinung utilitaristisch. Hingegen spricht sich eine Minderheit von Journalisten gegen die Intervention des Staates aus und verwendet dabei vermehrt deontologische Argumente. In unserer zweiten Studie wurden über ein Meinungsforschungsinstitut N=710 Personen der österreichischen Bevölkerung telefonisch befragt. Im Vergleich zu den Wirtschaftsjournalisten begründet die Allgemeinbevölkerung dabei ihre Meinung stärker auf deontologischen Überlegungen. Zusätzlich zeigt sich, dass sich auch in der Allgemeinbevölkerung die zugrundeliegende ethische Argumentation von Befürwortern bzw. Nicht-Befürwortern von Staatsinterventionen prinzipiell unterscheidet. Die abschließende Diskussion betont die Notwendigkeit einer öffentlichen ethischen wirtschaftspolitischen Debatte.

Schlagworte: Finanzkrise, Wirtschaftskrise, Ethik, Medien, Utilitarismus, Deontologie

5.2 Abstract

The current economic and financial crisis can be considered as a worst-case scenario outcome of a social dilemma (Dawes, 1980; Messick & Brewer, 1983). Before the crisis, only a small number of investors and companies made high profits at the expense of the vast majority. Today, the current interventions by the government aimed at resolving the resulting crisis produce a new dilemma. On the one hand, by spending billions in order to rescue bankrupt companies, the state uses fiscal resources of the general public which is not primarily responsible for the misery. On the other hand, by doing so the state aims at preventing negative social costs such as increased unemployment rates. The tension inherent to this dilemma shows that decision-making regarding how to remedy such complex scenarios as the current economic and financial crisis necessarily involves ethical aspects. When deciding whether to rescue ailing companies with financial support packages or not, the state's ethical reasoning may be based on such ethical approaches as utilitarianism (i.e., the need for interventions is judged by their consequences) or deontology (i.e., the need for interventions is based on universal duties and principles).

In two studies conducted in Austria, this paper explores which ethical reasons for state interventions are used by media experts and the general population. In our first study, personal interviews with a sample of N = 44 economic journalists assessed whether these experts support the intervention of the state and how they justify their judgment from an ethical perspective. The majority of the journalists supported financial help of the government. Moreover, journalists who were in favor of financial aid mainly used utilitarian arguments while journalists who were against financial aid mainly used deontological arguments. In our second study, a representative sample of N = 710 Austrians was assessed via telephone interviews by a professional opinion research company. Compared to the journalist sample, the general population bases its ethical opinion more on deontological reasons. Moreover, also in the general population justifiers and non-justifiers of state interventions differ regarding their ethical reasoning. The discussion stresses the need of a public ethical debate of economic policy.

Key words: financial crisis, economic crisis, ethics, media, utilitarianism, deontology

5.3 Einführung

Mit dem Zusammenbruch der Investmentbank Lehman Brothers am 15. September 2008 wurde die größte globale Finanz- und Wirtschaftskrise eingeleitet, die es jemals in der Geschichte gegeben hat. Neben den fatalen Folgen für die Volkswirtschaften stellt diese Krise auch ein bis dahin als sicher geglaubtes kapitalistisches System in seinen Grundfesten in Frage. Konnte bislang der Kapitalismus durch die Gewährleistung einer funktionierenden Wirtschaft ethische Fragen weitgehend in den Hintergrund drängen, zwingt nun das Scheitern des dominierenden Wirtschaftssystems die Akteure zu einer philosophischen Neuorientierung. Stimmen, ethische Aspekte in wirtschaftliche Diskussionen zu integrieren, werden immer lauter: „Eine Wirtschaft ohne eine ethische Grundhaltung kann nicht bestehen, und wir müssen diese Diskussion über eine neue wirtschaftsethische Haltung in der Tat begleiten durch strenge Regeln", verkündet Herausforderer Frank-Walter Steinmeier während des deutschen Kanzlerduells gegen Angela

Merkel am 13. September 2009. Auch Papst Benedikt XVI spricht sich in seiner im Juli desselben Jahrs veröffentlichten Sozialenzyklika für eine ethische Wirtschaft aus. „Die Wirtschaft braucht nämlich für ihr korrektes Funktionieren die Ethik; nicht irgendeine Ethik, sondern eine menschenfreundliche Ethik“ (2009; Kap. 45, Zeile 2-3).

Doch die alleinige Forderung, dass wirtschaftspolitische Fragestellungen von nun an ethisch fundiert geregelt werden müssen, beantwortet die grundsätzliche Frage nicht, *welche* Wirtschaftsethik in einer Gesellschaft verankert werden soll. Soll sie sich am Allgemeinwohl ausrichten? Soll sie sich an allgemeingültigen Regeln und Prinzipien orientieren? Soll sie an persönlichen Werten und Moralvorstellungen festhalten? Oder soll eine flexibilisierte Form gefunden werden, die intuitiv Lösungen findet, ohne sich auf die eine oder andere Ausrichtung zu versteifen? Zudem birgt die Abstraktheit des Begriffs „Ethik“ die Gefahr, dass die Diskussion, was ethisch ist und wie eine ethische Wirtschaftspolitik aussehen könnte, ausschließlich in den Eliten geführt wird.

Da das Thema eines ethischen Wirtschaftssystems jedoch wie kaum ein anderes die Allgemeinheit betrifft, wäre es aufschlussreich, zu untersuchen, welche ethischen Vorstellungen innerhalb der Bevölkerung vorherrschen, und wie sehr sich diese Vorstellungen mit Expertenmeinungen decken, die über die Medien verbreitet werden. Dazu werden in diesem Beitrag zwei Studien vorgestellt. Die erste dieser Studien beschäftigt sich mit ethischen Grundhaltungen zur Wirtschaftspolitik von Wirtschaftsjournalisten, die als Experten für wirtschaftspolitische Fragen (wie etwa nach dem angemessenen Umgang des Staates mit den Folgen der Wirtschaftskrise) und als Multiplikatoren der öffentlichen Meinung angesehen werden können. In der zweiten Studie wird anhand einer repräsentativen Stichprobe der österreichischen Bevölkerung untersucht, inwiefern sich ethische Grundhaltungen der Allgemeinheit (in Bezug auf den angemessenen Umgang des Staates mit den Folgen der Wirtschaftskrise) von denen der Experten unterscheiden.

5.4 Entstehung der Finanz- und Wirtschaftskrise

Um den Gegenstand unserer Frage zu spezifizieren, wie denn Staatsinterventionen in der Finanzkrise ethisch gerechtfertigt werden, sollen zunächst einige Hintergründe der aktuellen Finanz- und Wirtschaftskrise skizziert und anschließend aus Sicht der sozialen Dilemma-Forschung beschrieben werden. Die Finanz- und Wirtschaftskrise wurde bereits im Frühsommer 2007 ausgelöst, beeinflusst durch fallende Immobilienpreise in den Vereinigten Staaten in Folge der US-Immobilienkrise (der sogenannten „Subprimekrise"). Dieser Entwicklung vorausgegangen war eine Phase, in der Banken Privatinvestoren mit der Vergabe günstiger Kredite lockten, auch wenn diese Privatinvestoren über kaum Eigenkapital verfügten (Creditreform Wirtschaftsforschung, 2008). Über eine lange Phase steigender Immobilienpreise bildete sich eine Immobilienblase; gleichzeitig konnten immer mehr Kreditnehmer ihre aufgenommenen Kredite aufgrund von steigenden Zinsen und fehlendem Einkommen nicht mehr bewältigen. Da diese Kredite ins Ausland weiterverkauft wurden, breitete sich die Krise global aus. Zahlreiche Banken verkalkulierten sich im Spinnennetz der Weitergabe fragwürdiger Kredite und Investitionen in unsichere Hedgefonds. Da sie in der Folge über keine ausreichende Liquidität mehr verfügten, um die Spareinlagen ihrer Kunden zu gewährleisten, mussten immer mehr Banken Konkurs anmelden.

Aufgrund der resultierenden Geldknappheit (so sind etwa Banken mit der Vergabe von Krediten höchst vorsichtig geworden) verbreitete sich eine Furcht, die sich bis heute lähmend auf die allgemeine Investitionsbereitschaft auswirkt, da häufig nur noch die nötigsten Ausgaben getroffen werden. Dieses Verhalten hat verheerende Folgen für den Arbeitsmarkt. Insolvente Unternehmen hinterlassen eine Vielzahl von unbeschäftigten Arbeitnehmern, und Rettungsaktionen durch Übernahmen und Fusionen von Unternehmen führen zu weiterem Stellenabbau. So ist beispielsweise in Österreich die Arbeitslosenrate von 5,2% im zweiten Quartal 2008 auf 6,7% im gleichen Zeitraum 2009 gestiegen. Viele Unternehmen müssen wegen fehlender Aufträge auf Kurzarbeit umstellen: Waren es 2008 nur 700 Personen, die in Österreich in Kurzarbeit beschäftigt waren, stieg diese Zahl ein Jahr später auf 53180 Personen an (Statistik Austria, 2009).

Schließlich bleibt der Staat, der zu entscheiden hat, inwiefern er durch Finanzhilfen und Bürgschaften für Kredite marode Unternehmen am Leben hält und den volkswirtschaftlichen Auswirkungen steigender Arbeitslosigkeit und geringerer Steuereinnahmen und steigender Sozialabgaben entgegenzuwirken versucht. Die Frage, inwiefern sich der Staat in die Wirtschaft einmischen darf und muss, erlangt dadurch eine völlig neue Aktualität. So plädiert beispielsweise der keynesianische Ökonom Joseph Stiglitz, der 2001 den Nobelpreis für Wirtschaftswissenschaften erhielt, nun für eine Verstaatlichung einzelner Banken als Ausweg aus der Krise (Stiglitz, 2009).

5.5 Die Finanzkrise als soziales Dilemma

Sozialwissenschaftlich betrachtet kann die aktuelle Finanz- und Wirtschaftskrise auch aus Sicht der sozialen Dilemma-Forschung beschrieben werden. Ein soziales Dilemma beschreibt eine Situation, in welcher der individuelle Profit einer einzelnen Person zum Nachteil vieler anderen Personen gereicht. So birgt etwa die Bereitstellung öffentliche Güter wie Verkehr, Kultur oder Natur immer die Gefahr in sich, dass einzelne diese Güter missbrauchen oder übergebührlich nutzen (etwa durch Schwarzfahren in öffentlichen Verkehrsmitteln oder durch die Zerstörung von Kulturgütern oder der Umwelt) Diese Personen verschaffen sich dadurch zwar einen individuellen Profit, schädigen aber dadurch das Allgemeinwohl. Letztendlich würde die allgemeine Lebensgrundlage zerstört, würden sich alle derart egoistisch verhalten (Kirchler & Pitters, 2007).

Ein soziales Dilemma ist dabei durch drei Charakteristika gekennzeichnet (Dawes, 1980; Messick & Brewer, 1983). Das erste Merkmal eines sozialen Dilemmas ist, dass eine nichtkooperative Entscheidung demjenigen, der sie trifft, mehr Profit bringt als eine kooperative Entscheidung. Zweitens ist eine nichtkooperative Entscheidung für alle Beteiligten schädlicher, wenn ihre Folgen mit denen einer kooperativen Entscheidung verglichen werden. Drittens ist der entstandene Gesamtnachteil für die beteiligten Personen durch eine nichtkooperative Entscheidung größer als der Profit des nicht kooperativen Beteiligten.

Betrachtet man nun das globale Wirtschaftsystem als soziales Dilemma, dann kann dieses ebenfalls nur dann nachhaltig funktionieren, wenn die einzelnen Akteure zum Allgemeingut beitragen und nicht zu Lasten aller anderen Akteure einen persönlichen Profit schlagen. Dabei erschienen für viele die Gesetze der freien Marktwirtschaft (zum Beispiel das durch Angebot und Nachfrage erzielte Marktgleichgewicht) bisher ausreichend, um das Trachten nach persönlichem Profit so weit einzudämmen, dass ein Funktionieren des Wirtschaftssystems zum Wohle der Allgemeinheit (trotz Problemen wie Schattenwirtschaft durch Schwarzarbeit und Steuerhinterziehung) gewährleistet war. Diese Betrachtung macht deutlich, dass es sich beim jüngsten Zusammenbruch der Märkte nicht erst um den Ausgangspunkt eines sozialen Dilemmas handelt, sondern dass vielmehr in diesem Zeitpunkt das bereits bestehende Dilemma den schlechtesten Ausgang genommen hat, zugunsten weniger Profiteure und zulasten der Mehrheit.

Die Frage, welche wirtschaftspolitischen Entscheidungen nun getroffen werden sollen, um den Schaden für die Allgemeinheit zu begrenzen, produziert ein weiteres Dilemma. Soll der Staat eingreifen und bankrotte Unternehmen finanziell unterstützen? Einerseits können so Unternehmen und Arbeitsplätze gerettet werden. Andererseits werden diese Hilfestellungen des Staats durch Steuergelder finanziert, also zulasten der Allgemeinheit, die an der Finanzkrise keine Schuld trägt und nun den Schaden ausbaden muss, den wenige Profiteure verursacht haben.

Dabei verlangt – anders als bei klassischen sozialen Dilemma-Situationen, in denen es zumindest theoretisch eine eindeutige Lösung zugunsten eines funktionierenden Systems gibt – die komplexe Natur des so entstanden Dilemmas eine *ethische* Auseinandersetzung. Diese erscheint zunächst einfach lösbar: Wird ethisches Verhalten als Auseinandersetzung mit dem moralischen und „richtigen" Handeln verstanden, dann ist in jeder sozialen Dilemma-Situation die Entscheidung für das Allgemeinwohl die moralisch richtige Vorgehensweise. Komplizierter wird es hingegen, wenn es sich um eine moralische Dilemma-Situation handelt, in der nicht nur ethische Pflichten und wirtschaftliche Interessen, sondern verschiedene ethische Pflichten miteinander kollidieren (Seeber, 2002).

5.6 Was ist „ethisch"?

Als philosophische Disziplin wurde der Begriff Ethik bereits von Aristoteles eingeführt. Aristoteles definierte mit diesem Begriff die wissenschaftliche Beschäftigung mit Gewohnheiten, Sitten und Gebräuchen. Er betont, dass erst die Gesellschaft mit anderen Menschen uns zu richtigen Menschen mache. Dabei ist der Staat die höchste Form der Gemeinschaft, und die ethische Frage, wie das Individuum sein Leben zu führen habe, steht der politischen Frage sehr nahe, wie ein Staat zu führen sei (Ross, 1908).

Heute wird Ethik verstanden als „die Normen und die Grundsätze, nach denen die Menschen handeln (sollen), damit eine Gemeinschaft oder Gesellschaft funktioniert" (freedictionary). Gemäß einer weiteren Definition (De Mott, 2001) gründet Ethik auf „Verhaltensregeln, die auf dem Glauben, wie die Dinge sein sollten" basieren. Streng genommen setzt sich die Ethik mit der Moral (Sittlichkeit) auseinander (Kelemen und Petonen, 2001), die Begriffe sollen aber im Folgenden synonym verwendet werden.

Die Bewertung, ob eine bestimmte Handlung aus ethischer Perspektive richtig oder falsch ist, unterscheidet sich dabei von der Sichtweise des Rechts. Denn wenn auch Gesetze grundsätzlich versuchen, ethische Betrachtungen in ihr Regelwerk einzubauen, sind Ethik und Gesetz doch nicht dasselbe (Crane & Matten, 2004). Wenn also zum Beispiel die Manager von Banken, die ohne massive staatliche Unterstützung nicht überlebt hätten, auf ihre vertraglich zugesicherten Bonuszahlungen bestehen, dann ist ihr Verhalten zwar nicht aus legaler Sicht bedenklich, möglicherweise aber aus einer ethischen Perspektive.

In der Ethikforschung wird dabei zwischen einer normativen und einer deskriptiven Ethik unterschieden (O`Fallon & Butterfield, 2005). Beide dieser prinzipiellen Ansätze von Ethik, der normative und der deskriptive, sind für den vorliegenden Beitrag wichtig. Die normative Ethik befasst sich dabei mit der Frage, wie sich Menschen verhalten sollten. Ein normativer Ansatz zur Ethik findet sich etwa in Ethikvereinbarungen in einem Unternehmen oder in professionellen „Codes of Conduct", ethischen Leitlinien, welche ethische Verhaltesweisen einer bestimmten Berufsgruppe definieren und regeln. Hingegen untersucht die deskriptive oder empirische Ethik die ethische Praxis von Menschen, zum Beispiel im Bereich von Wirtschaft und Management. Die deskriptive Ethik versucht also zu beschreiben, wie ethisch bzw. unethisch sich Menschen denn tatsächlich verhalten. Sie untersucht auch, welche psychologischen und organisatorischen Faktoren zu (un)ethischem Verhalten führen.

Eine häufig verwendete Methode der deskriptiven Ethik, ethisches Verhalten empirisch zu untersuchen, ist die Szenariotechnik. So zeigt ein neuerer Review von 174 Studien, dass 55% dieser Studien auf einer Szenariotechnik als Untersuchungsmethode beruhen (O`Fallon und Butterfield, 2005). Während die Szenariotechnik dabei den Vorteil bietet, ethikrelevante Variablen, die von Interesse sind, gezielt und kontrolliert zu untersuchen, besteht die Gefahr, dass die dabei zum Einsatz gelangenden Szenarios nicht immer in der Lage sind, die tatsächliche Komplexität ethischer Fragestellungen und Dilemmas in realen Situationen widerzuspiegeln.

Aufgrund dieses möglichen Nachteils der Szenariotechnik in der deskriptiven Ethikforschung soll in der vorliegenden Studie anhand eines realen wirtschaftspolitischen Szenarios analysiert werden, welche grundlegende normative Ethik angewandt wird, wenn Menschen ihre Wahrnehmung der Notwendigkeit staatlicher Intervention in der Finanz- und Wirtschaftskrise begründen. Der dabei verwendete Ansatz ist explorativ und orientiert sich an dem Vorgehen bei Witte & Mölders (2006), die inhaltsanalytisch untersuchten, inwiefern sich Begründungen von Gesetzesänderungen beim deutschen Einkommensteuergesetz einzelnen ethischen Grundpositionen und Gerechtigkeitsprinzipien zuordnen lassen und dabei eine hohe Interrater-Reliabilität in der Kategorisierung der Begründungen erzielten.

Ethische Grundhaltungen lassen sich in der Regel einer oder einer Mischung mehrerer der folgenden Philosophien zuordnen: einer Ausrichtung auf Konsequenzen (Utilitarismus), einer Ausrichtung auf allgemeine Pflichten und Prinzipien (Deontologie), einer Ausrichtung auf die eigene Intuition (Intuitionismus), und einer Ausrichtung auf den persönlichen Charakter des Handelnden und seiner Tugenden.

Ausrichtung auf Konsequenzen – Utilitarismus. Die Beurteilung, ob eine Handlung ethisch ist oder nicht, lässt sich zunächst anhand der möglichen Konsequenzen dieser Handlung entscheiden. Eine Handlung ist in dieser Sichtweise dann ethisch gerechtfertigt, wenn ihre Konsequenzen nützlich sind. Vor allem in der Ökonomie taucht dieser Ansatz im Prinzip der Nutzenmaximierung auf. Wenn zum Beispiel Händler und Investoren Geld investieren, dann wird davon ausgegangen, dass sie die Alternative wählen, die den größtmöglichen Nutzen verspricht. Hierbei kann unterschieden werden, auf welcher Ebene der größtmögliche Nutzen erreicht werden soll. Geht es um den größten Nutzen für das Individuum? Oder soll der größte Nutzen für die Gesellschaft erreicht werden? Witte und Doll (1995) definieren das Streben nach individuellem Nutzen als Hedonismus, das Streben nach einem Nutzen für eine spezifische Gruppe als partikulären Utilitarismus und das Streben nach einem Nutzen auf universeller Ebene als Utilitarismus. Der Einfachheit halber wollen wir uns für die Analyse in unseren Studien auf den Unterschied zwischen dem Streben nach individuellem Nutzen (Hedonismus) und nach Nutzen für die Allgemeinheit (Utilitarismus) beschränken.

Ausrichtung auf allgemeine Pflichten und Prinzipien - Deontologie. Eine Ethik, die sich nach universal gültigen Verhaltensregeln ausrichtet, ohne dabei primär auf den Nutzen zu blicken, der aus diesen Verhaltensweisen resultiert, wird als Deontologie (griechisch „deon“ = Pflicht) bezeichnet. Prinzipien, wie „immer die Wahrheit sagen“, „im Zweifel nie“ oder auch „das Vaterland verteidigen“ illustrieren eine deontologische Grundhaltung (Oberlechner, 2007; Trevino & Nelson, 2007). Prominentestes Beispiel dieser Regeln ist Immanuel Kants kategorischer Imperativ, im Volksmund bekannt als „was du nicht willst, das man dir tu, das füg auch keinem anderen zu“. Es kann leicht zu einem Konflikt zwischen einer utilitaristischen und einer deontologischen Grundhaltung kommen, wie etwa bei der Romanfigur Amadeo Prado aus Pascal Merciers (2006) Buch „Nachtzug nach Lissabon“, der als Arzt einem Massenmörder das Leben rettet und dadurch gleichzeitig viele weitere Leben riskiert.

„Habe ich es für *ihn* getan? War es so, dass ich *in seinem Interesse* wollte, dass er weiterlebte? Kann ich mit Wahrhaftigkeit sagen, dass das mein Wille war? [...]

Habe ich es also in Wirklichkeit für *mich* getan? Um vor mir als guter Arzt und tapferer Mensch dazustehen, der die Kraft hat, seinen Hass niederzuringen?“ (Seite 227f)

Witte & Doll (1996) unterscheiden auch hier zwischen einer partikulären Deontologie, die sich auf gruppenspezifische Pflichten, Tugenden und Rechte bezieht und einer Deontologie, die auf universelle Werte und Normen ausgerichtet ist. Auch hier beschränken wir uns für die Analyse in unseren Studien auf die universelle Deontologie.

Die Ausrichtung auf die eigene Intuition - Intuitionismus. Wenn in der ethischen Rechtfertigung einer bestimmten Handlung keine weitere Begründung vorkommt, als dass die Handlung einfach gut, schlecht, richtig oder falsch sei, dann beruht diese Überzeugung in der Regel auf einer nicht weiter begründeten Intuition oder dem, was manchen Menschen als „gesunder Menschenverstand“ bezeichnen. Diese Haltung kann dann als ethisch angesehen werden, wenn die Wahl, ob beispielsweise ein regelgeleitetes oder utilitaristisches Vorgehen gerechtfertigt ist, durch die Intuition begrenzt wird (Ewing, 1953). Dabei können zwei Arten von Intuitionismus unterschieden werden (Lumer, 2008). Der fundierte Intuitionismus entspricht Rawls (1951) reflektiertem Gleichgewicht. Nach diesem Ansatz werden einzelne und generelle Intuitionen so lange revidiert, bis sie kohärent sind. Hingegen sieht der Basisintuitionismus (Lumer, 2008) bestimmte Intuitionen als grundlegend an, auf deren Basis dann wiederum weitere moralische Aussagen begründet werden. Der Intuitionismus erfordert also wenige Begründungsanstrengungen und ist daher auch seit den 1970ern der meist verwendete Begründungstyp in der Ethikforschung. Wir werden für die Analyse in unseren Studien die ethische Begründung eines bestimmten Verhaltens dann als intuitiv bezeichnen, wenn diese Begründung weder zweckgerichtet noch regelgeleitet ist, sondern von der Situation und Intuition abhängig zu sein scheint.

Die Ausrichtung auf den persönlichen Charakter und Tugenden. Diese tugendhafte Ausrichtung ethischen Handelns lässt sich auf Aristoteles zurückführen, der in seiner *Nikomachischen Ethik* das Streben nach Freude durch moralische Überlegenheit beschreibt. Eine tugendhafte Ethik legt die Betonung auf den Charakter, die Motivation und die Absicht des Handelnden. Im Fokus steht hier also weniger die Handlung als vielmehr der Akteur selbst. Bei einer Ethik der Tugendhaftigkeit bringt die Frage, was man tun sollte, immer gleichzeitig die Frage mit sich, wie man sein sollte (Maclagan, 1998). Diese Ethik lässt sich oftmals schwer von der Deontologie trennen, beziehungsweise müssen sich Regeln primär danach ausrichten, wie sie einem tugendhaften Charakter entsprechen.

Wenn nach aristotelischer Auffassung Politik ethisches Verhalten beinhalten muss, dann ist die Auseinandersetzung mit Ethik umso dringender, wenn es sich um komplexe soziale Dilemma-Situationen handelt. Die aktuelle Finanz- und Wirtschaftskrise stellt geradezu einen Paradefall eines solchen komplexen sozialen Dilemmas dar. Welche moralischen Überzeugungen stecken hinter politischen Entscheidungen, die das Funktionieren der Gesellschaft gewährleisten sollen? Wie lautet die politische Argumentation für Staatshilfen, um marode Unternehmen zu retten? Auf welchen Grundsätzen basieren Begründungen, die Staatshilfen oder das Unterlassen dieser rechfertigen? Und welche Grundsätze werden über die Medien kommuniziert?

5.7 Einfluss der Medien auf Wahrnehmungen und Einstellungen

In der Ausbildung und Verbreitung ethischer Einstellungen gegenüber Themen des öffentlichen Lebens spielen Nachrichtenmedien eine besonders einflussreiche Rolle. Dies trifft insbesondere bei so komplexen Fachthemen zu, wie es wirtschaftspolitische Fragestellungen in der Regel darstellen. Aus diesem Grund betrachtet der vorliegende Beitrag ethische Überzeugungen und Meinungen in der Bevölkerung, wie sich der Staat angesichts der Finanz- und Wirtschaftskrise verhalten soll und warum er sich so verhalten soll, vor dem Hintergrund der in den Medien verbreiteten Stimmungen und Meinungen.

Nachrichtenmedien wie Tages- und Wochenzeitungen und Fernsehen haben für das Verstehen so komplexer Themen wie der Finanz- und Wirtschaftskrise durch die Allgemeinbevölkerung einen nicht zu überschätzenden Stellenwert. Die Information und Berichte dieser Medien informieren nämlich nicht nur über Fakten und Ereignisse, sondern liefern auch Erklärungen über Zusammenhänge und bestimmen durch die Häufigkeit der Berichterstattung über selektierte Themen, welche Ereignisse und Themen wichtig und welche Ereignisse und Themen vernachlässigbar sind.

Wie häufig bestimmte Themen in Presseartikeln vorkommen, kann etwa durch eine online durchgeführte Archivsuche und Analyse der Häufigkeit ausgewählter Stichworte in der Tageszeitung „Die Presse", einer österreichischen weit frequentierten Tageszeitung aufgezeigt werden. Zum Beispiel erzielt der Begriff „Finanzkrise" im Zeitraum Oktober und November 2008 insgesamt 1345 Treffer, hingegen der Begriff „Terrorismus" nur 81 und der Begriff „Klimawandel" nur 62 Treffer. In Bezug auf diese Berichterstattung zeigt sich ein überaus bedeutsamer Zusammenhang, wie bedrohlich bestimmte mit diesen Stichworten verbundene Themen von der Bevölkerung erlebt werden. Ergebnisse aus dem Standard Eurobarometer für Österreich im Oktober und November 2008zeigen entsprechend, dass 30% der Österreicher die wirtschaftliche Lage als wichtigstes Thema für Österreich nennen, wohingegen in diesem Zeitraum nur 4% den Terrorismus als wichtigstes Problem ansehen und nur 6% die Priorität beim Thema Umweltschutz sehen.

Im Vergleich zu dieser Bestandsaufnahme aus dem Jahr 2008 ist für den gleichen Zeitraum im Jahr 2006 der Begriff „Finanzkrise" in der Archivsuche der Tageszeitung „Die Presse" mit 2 Treffern beinahe nicht existent. Dementsprechend nennen nur 16% der Österreicher die wirtschaftliche Lage als Hauptanliegen, um das sich der Staat kümmern sollte. Auch die Begriffe Terrorismus (35 Treffer) und Umweltschutz (28 Treffer) kommen selten vor, und es sind nur 5% der Österreicher, die Terrorismus als wichtigstes Thema für Österreich ansehen, und 2% der Österreicher, die den Umweltschutz zum wichtigsten Thema erheben. Im Kontrast zur Situation des Jahres 2006 wiederum finden sich unmittelbar nach den Ereignissen des 11. September 2001 (also im Oktober und November 2001) gleich 327 Treffer zu „Terrorismus" beziehungsweise 541 zu „Terror". Es überrascht deshalb auch wenig, dass zu diesem Zeitpunkt 70% der Österreicher angeben, Angst vor Terrorismus zu haben (Europäische Kommission, 2001; 2006; 2008; http://diepresse.com, 25.10.2009).

Solche Anhaltspunkte legen nahe, dass die Präsenz bestimmter Themen in den Medien zur Wahrnehmung von Wichtigkeit und Bedrohung dieser Themen in der Bevölkerung beitragen. Des Weiteren liegt nahe, dass die mediale Darstellung dieser Themen auch den Zugang der Bevölkerung und die Verstehensweisen dieser Themen wesentlich beeinflusst. Wenn es also im Falle der aktuellen Finanz- und Wirtschaftskrise um die Frage geht, ob durch Staatsgelder Banken und anderen Akteuren des Wirtschaftslebens geholfen werden soll, um damit einer Rezession und den damit verbundene Folgen auf dem Arbeitsmarkt entgegenzusteuern, dann sollten die Meinungen in der Bevölkerung nicht nur davon beeinflusst sein, wie häufig diese Themen in den Medien auftauchen, sondern auch davon, auf welchen Aspekte der inhaltliche Fokus in der Berichterstattung gesetzt wird und auf welche Weise die Notwendigkeit bestimmter Maßnahmen begründet wird.

Dass die Bedrohung durch die Finanzkrise ein relevantes Thema für die Bevölkerung ist und sich Personen mit einhergehenden Fragen auseinandersetzen, zeigen beispielsweise die Ergebnisse einer ARD Deutschlandtrend Umfrage, die im März 2009 durchgeführt wurde. Demnach haben mehr als die Hälfte der Befragten Angst um ihre persönliche wirtschaftliche Zukunft, 81% glauben, dass der schlimmste Teil der Krise noch bevorsteht, und 75% finden, dass Firmen, die schlecht gewirtschaftet haben, den Staat nur ausnutzen. Während 75% es gerechtfertigt finden, wenn kleine und mittlere Betriebe mit Staatshilfen unterstützt werden, finden nur 43% es gerechtfertigt, Automobilfirmen wie Opel zu helfen. Nur 36% befürworten Hilfe für deutsche Banken und nur 35% Hilfe für Länder der EU mit besonders großen Schwierigkeiten (infratest-dimap, 2009).

Wenn Personen also die Frage nach der Rechtfertigung von Staatshilfen eindeutig beantworten können, sollte dahinter eine zumindest implizite ethische Begründung stecken. Mit diesen Begründungen beschäftigen sich die beiden folgenden Studien.

5.8 Studie 1: Interviews mit Wirtschaftsjournalisten

5.8.1 Stichprobe und Durchführung

Die Stichprobe unserer ersten Untersuchung bestand aus $N = 44$ österreichischen Wirtschaftsjournalisten (84% männlich, 16% weiblich), die für die bekanntesten österreichischen Tageszeitungen (zum Beispiel Kurier, Presse, Standard), Wochenzeitungen (zum Beispiel News, Gewinn, Format), Fachzeitschriften (zum Beispiel Wirtschaftsnachrichten, A3, Energie Report), Presseagenturen (APA, Reuters) oder für Fernsehen und Hörfunk (ORF, ATV) tätig sind.

Es handelt sich bei den befragten Journalisten weitestgehend um erfahrene Wirtschaftsjournalisten. Die Mehrheit (58%) ist für die Leitung des Hauptressorts zuständig. Während nur zwei der Journalisten weniger als zwei Jahre in ihrem Bereich arbeiten, sind 59% bereits mehr als 16 Jahre als Journalist tätig sind. Die Erhebung fand im Herbst (Oktober/November) 2008 statt. Die Journalisten wurden von professionellen Interviewern eines Meinungsforschungsinstituts in Wien persönlich (face to face, paper pencil) zu den nachfolgenden Themen befragt.

5.8.2 Fragestellungen und Ergebnisse

Zunächst wurden die Personen gefragt, wie stark sie die österreichische Wirtschaft durch die US-Finanzkrise auf einer Skala von 1 = „starke Bedrohung“ bis 5 = „keine Bedrohung“ bedroht sehen. Die Journalisten sehen die österreichische Wirtschaft im Mittel durch die Krise als eher bedroht an, $M = 2.64$; $SD = .97$. Diese Einschätzung stimmt mit im Zeitpunkt der Befragung veröffentlichten Prognosen überein, die eine Stagnation des österreichischen Wirtschaftswachstums vorhersagten (vgl. Institut für höhere Studien, 2008).

Die daraufhin folgende Kernfrage unserer Untersuchung der Journalisten lautete:„Wenn Unternehmen in eine finanzielle Krise geraten, kann einerseits nur der Staat helfen, andererseits zahlt er das wirtschaftliche Versagen mit den Steuergeldern der Allgemeinheit. Aus ethischer Perspektive, wie gerechtfertigt finden Sie das Eingreifen des Staates bei Finanzmarktkrisen auf einer Skala von 1 = sehr gerechtfertigt bis 5 = gar nicht gerechtfertigt? Bitte begründen Sie Ihre Antwort.“

Die befragten Journalisten halten das Eingreifen des Staates aus ethischer Perspektive für eher gerechtfertigt, $M = 2.51$; $SD = 1.42$. Dabei korrelieren ihre Antworten zur Frage nach dem Bedrohungsgrad Österreichs durch die US-Finanzkrise mit den Einschätzungen der ethischen Rechtfertigung staatlichen Eingreifens in der Krise positiv mit $r = .37$ ($p < .05$). Je stärker die Bedrohung für Österreich wahrgenommen wird, desto stärker wird das Eingreifen des Staates als gerechtfertigt angesehen. Demnach sehen die Journalisten im Eingreifen des Staates eine Möglichkeit, gegen die Bedrohung der Krise vorzugehen. Die Journalistenexperten wurden anschließend gebeten, ihr Urteil, ob das Eingreifen des Staates gerechtfertigt ist oder nicht, zu begründen.

Diese Begründungen wurden im Anschluss analysiert und den zuvor skizzierten ethischen Grundpositionen zugeordnet. Dabei bewerteten zwei Rater zunächst unabhängig voneinander, welcher ethischen Grundposition sich die jeweiligen Begründungen zuordnen lassen. Bereits diese unabhängige Zuordnung ließ ein hohes Maß an Übereinstimmung zwischen den unabhängigen Ratern erkennen. Im Anschluss wurden aufgrund der kleinen Journalistenstichprobe die wenigen strittigen Fälle gemeinsam geklärt und eine Einigung der Rater über die Einordnung diese Fälle getroffen. Die ethischen Positionen wurden wie folgt definiert. Die resultierende Zuteilung ist in Tabelle 1 abgebildet

1. Utilitarismus: Geht es in der jeweiligen Begründung um das Allgemeinwohl?
2. Deontologie: Lässt sich eine Regel erkennen?
3. Intuitionismus: Wird die in der Begründung vorgefundene Regelorientierung bzw. Zweckausrichtung durch Intuition begrenzt?
4. Tugendhafte Ethik: Geht es um die Charaktereigenschaften/Werte des Staates?

Vergleicht man die Begründungen für das (Nicht-)Eingreifen des Staats bei Finanzmarktkrisen unter den Journalisten, die eine utilitaristische Begründung für ihren Standpunkt verwenden ($M = 2.09$; $SD = 1.16$) mit den Begründungen der Journalisten, die deontologisch argumentieren ($M = 3.0$; $SD = 1.58$), dann halten utilitaristisch argumentierende Journalisten das Eingreifen des Staates für statistisch signifikant mehr gerechtfertigt ($t\ (34) = 1.98;\ p < .05,\ d = .66$). Vier Journalisten gaben keine Begründung an.

Tabelle 1: Zugrundeliegende ethische Grundpositionen individueller Begründungen für individuell vertretenes (Nicht-)Eingreifen des Staats bei Finanzmarktkrisen (N = 40 Wirtschaftsjournalisten)

Ethische Grundposition	Beispiel	*N*	%
Utilitarismus	„Folgen für die Volkswirtschaft bei Nichteingreifen schlimmer“	23	56.1
Deontologie	„entweder Regulierung oder nicht, keine Mischformen, Kapitalismus fordert seine Spielregeln einzuhalten“	13	34.1
Intuitionismus	„kommt auf Einzelfall an“	2	4.9
Anderes, nicht zuzuordnen	„Finanzmärkte sind wie der Blutkreislauf der Wirtschaft“	2	4.9

Zusammenfassend lässt sich festhalten, dass die Journalisten das Eingreifen des Staates im Mittel für eher gerechtfertigt ansehen. Je stärker dabei die Bedrohung für Österreich erlebt wird, desto eher halten die Journalisten das Eingreifen des Staates für ethisch gerechtfertigt. Die Mehrheit der Journalisten begründet ihre Meinung über diese Frage mit Argumenten, die sich aus ethischer Perspektive einer utilitaristischen Grundhaltung zuordnen lassen. Journalisten, die ihre Meinung utilitaristisch begründen, halten dabei das Eingreifen des Staates für stärker gerechtfertigt als Journalisten, die deontologische Argumente für ihre Meinung verwenden, ob der Staat bei Finanzmarktkrisen unterstützend eingreifen soll.

5.9 *Studie 2: Befragung der österreichischen Bevölkerung*

Um zu untersuchen, inwiefern sich die Meinungen der Journalisten über die Rechtfertigung staatlicher Unterstützung von Unternehmen in der Krise auch in der Bevölkerung widerspiegelt, wurde eine zweite Studie durchgeführt. Diese Studie erlaubte darüber hinaus eine Bestandsaufnahme, welche ethischen Begründungsmuster sich in den Meinungen der Allgemeinbevölkerung hinsichtlich dieser Frage finden.

5.9.1 *Stichprobe und Durchführung*

Befragt wurden N = 731 Personen, die zufällig aus der österreichischen Bevölkerung ausgewählt wurden. Teilnehmer unter 16 Jahren wurden aus der Analyse ausgeschlossen. Es verbleiben $N = 710$ Personen (46% weiblich und 54% männlich) im Alter von 16 bis 80 Jahren ($M = 37.7$; $SD = 16.09$). Die Erhebung fand im März 2009 statt. Teilnehmer wurden von Mitarbeitern eines professionellen Meinungsforschungsinstituts in Wien mit Hilfe einer computerunterstützten Telefonbefragung (Computer Assisted Telephone Interviews, CATI) befragt. Da ausschließlich Mobiltelefonnummern und keine Telefonnummern des Festnetzes angerufen wurden, ist die Stichprobe etwas jünger, als es der tatsächlichen Altersverteilung in der österreichischen Bevölkerung entspricht. Die demographische Verteilung ist in Tabelle 2 dargestellt.

5.9.2 *Fragestellungen und Ergebnisse*

Um zu sehen, welches Vertrauen die Bevölkerung in die Nachrichten der Medien hat, wurden die Teilnehmer zuerst gefragt, wie hoch sie den Wahrheitsgehalt österreichischer Medien im Durchschnitt auf einer Skala von 1 = „sehr gering“ bis 10 = „sehr hoch“ schätzen. Der Wahrheitsgehalt österreichischer Medien wird im Durchschnitt mittelmäßig hoch ($M = 5.23$; $SD = 1.97$) eingeschätzt. Demographische Variablen nehmen hierbei keinen Einfluss auf die Bewertung.

Danach wurde unter Verwendung derselben Skala (1 = „sehr gering“ bis 10 = „sehr hoch“) die Frage gestellt, welche Auswirkungen die sogenannte Krise auf das persönliche Leben habe. Die Teilnehmer messen der Krise im Durchschnitt weder einen negativen noch einen positiven Einfluss auf ihr persönliches Leben bei ($M = 5.03$; $SD = 1.72$). Die Antworten korrelieren jedoch statistisch signifikant mit dem Alter der Teilnehmer. Ältere Personen empfinden den Einfluss der Krise auf ihr Leben negativer als jüngere Personen (r = -.09; p < .05). Unterteilt nach Altersgruppen beurteilt die Altersgruppe bis 30 Jahre (M = 5.22; SD = 1.63) den Einfluss der Krise als signifikant höher als die Gruppe über 50 Jahre (M = 4.78, SD = 1.54; F (2; 696) = 3.86, p < .05).

Auf die Frage „Wie gut kennen Sie sich mit der Finanz- und Wirtschaftskrise und ihren Hintergründen aus" (auf einer Skala von 1 = „sehr gut" bis 5 = „sehr schlecht") geben die befragten Personen im Mittel an, sich leicht überdurchschnittlich gut mit der Wirtschafts- und Finanzkrise und ihren Hintergründen auszukennen (M = 2.82; SD = 1.14). Männer geben dabei an, sich besser mit der Wirtschafts- und Finanzkrise und ihren Hintergründen auszukennen, als Frauen dies tun (M_m = 2.73, SD = 1.12; M_w = 2.93; SD = 1.16; t (705) = -2.39; p < .05; d = .18). Auch Personen mit Matura geben an, besser über die Wirtschafts- und Finanzkrise Bescheid zu wissen, als Personen ohne Matura (M_{Matura} = 2.36, SD = 1.12; M_{ohne} = 3.01; SD = 1.07; t (702) = 7.14; p < .001; d = .59). Eine univariate Varianzanalyse zeigt keine Wechselwirkung zwischen Geschlecht und Bildung auf das Wissen über die Krise (F (1,2.97) = 2.45; p > .05), sondern jeweils einen Haupteffekt für Geschlecht (F (1,10.66) = 8.82; p < .05 und für Bildung (F (1,60.62) = 50.18; p < .001).

Schließlich wurden den Teilnehmern an Studie 2 unter der allgemeinen Bevölkerung die gleichen Fragen gestellt wie den Wirtschaftsjournalisten in Studie 1: „Wenn Unternehmen in eine finanzielle Krise geraten, kann einerseits nur der Staat helfen, andererseits zahlt er das wirtschaftliche Versagen mit den Geldern der Allgemeinheit. Aus ethischer Perspektive, wie gerechtfertigt finden Sie das Eingreifen des Staates bei Finanzmarktkrisen? Bei Verständnisproblemen fügten die Interviewer hinzu, „zum Beispiel wenn Banken durch Milliardenpakete gerettet werden". Auch in dieser Studie verwendeten die Teilnehmer für ihre Antworten eine Skala von 1 = „sehr gerechtfertigt" bis 5 = „gar nicht gerechtfertigt" und wurden dann gebeten, ihre Antwort zu begründen.

Tabelle 2 Demographische Verteilung der Stichprobe

BL	IST N (%)	SOLL %	Bildung	IST N (%)	SOLL %	Beruf	IST N (%)	SOLL (%)
W	117 (16.5)	19.8	ohne Matura	498 (70.1)	76.8	Leitende Funktion/ selbst./Landwirt	77 (10.9)	10.6
NÖ	80 (11.3)	19.0	mit Matura/ Uni/ FH	208 (29.3)	23.2	Angestellt/Beamte	242 (34.3)	31.2
BGL	31 (4.5)	3.6	Alter			Fach-/Arbeiter	128 (18.1)	18.4
OÖ	99 (13.9)	16.8	Bis 30	301 (42.8)	22.8	Pension	101 (14.3)	26.2
STMK	144 (20.3)	15	Bis 50	241 (34.3)	38.4	Karenz/BH/Zivildienst/ ohne Beruf	58 (8.2)	8.4
KTN	61 (8.6)	7	Über 50	161 (22.9)	38.8	In Ausbildung (Schüler, Student)	100 (14.2)	5.2
SBG	72 (10.1)	6.4	Ortsgröße			HH Netto-EK		
T	81 (11.5)	8.2	Eher städt. (10.000+)	314 (44.5)		bis 730 Euro	51 (10.2)	
VBG	23 (3.2)	4.2	eher ländl. (-10.000)	391 (55.5)		bis 1100 Euro	56 (11.2)	
						bis 1450 Euro	80 (16.0)	
						bis 1820 Euro	86 (17.2)	
						bis 2200 Euro	90 (18.0)	
						bis 2900 Euro	36 (7.2)	
						über 2900 Euro	100 (20.0)	

Anmerkung. „Soll" entspricht den Angaben der Statistik Austria.

Die Befragten halten das Eingreifen des Staates aus ethischer Perspektive im Durchschnitt für mittelmäßig gerechtfertigt ($M = 2.88$; $SD = 1.12$). Jüngere Personen befürworten dabei das Eingreifen des Staates stärker als ältere Teilnehmer ($r = .14$; $p < .001$.). Unterteilt in Altersgruppen rechtfertigen Personen bis 30 Jahre das Eingreifen des Staates stärker als die Altergruppe über 50 ($M_{-30} = 2.69$, $SD = 1.12$; $M_{50+} = 3.13$; $SD = 1.28$; $t\,(458) = -3.83$; $p < .001$, $d = .37$). Eine mögliche Erklärung für diesen Unterschied ist, dass jüngere Personen im Laufe ihres Lebens weniger Steuergelder eingezahlt haben als ältere Personen, und dass sie somit weniger denken, durch Staatshilfen den Schaden der Finanzkrise „ausbaden" zu müssen als ältere Personen dies tun. Des Weiteren korrelieren die Einschätzungen der allgemeinen Bevölkerung zur Rechtfertigung von Staatsinterventionen positiv mit der Frage nach dem Wissen über die Finanzkrise ($r = .18$; $p < .001$). Je mehr Personen angeben, sich gut mit den Hintergründen der Krise auszukennen, desto eher halten sie das Eingreifen des Staates für gerechtfertigt.

Schließlich wurden die Teilnehmer analog zu den Finanzjournalisten gebeten, ihre Einschätzung der Rechtfertigung staatlichen Eingreifens in der Finanzkrise aus ethischer Perspektive zu begründen. Auch hier wurden die Begründungen ethischen Grundpositionen zugeordnet, die wieder wie folgt definiert waren. Die Zuordnung der verbliebenen 407 Begründungen ist in Tabelle 3 abgebildet

1. Utilitarismus: Geht es in der jeweiligen Begründung um das Allgemeinwohl? Ein Beispiel für diese ethische Grundhaltung ist: „Die Wirtschaft muss im Sinne des Algemeinwohls gestützt werden."
2. Deontologie: Lässt sich eine Regel erkennen? Ein Beispiel für diese ethische Grundhaltung ist: „Jeder muss für seine Fehler haften."
3. Intuitionismus: Wird die in der Begründung vorgefundene Regelorientierung bzw. Zweckausrichtung durch Intuition begrenzt? Ein mögliches Beispiel für diese ethische Grundhaltung ist: „Kommt auf die Situation an."

4. Tugendhafte Ethik: Geht es um die Charaktereigenschaften/Werte des Staates? Ein mögliches Beispiel für diese ethische Grundhaltung ist: „Der Staat soll da sein, wenn es einem schlecht geht."
5. Hedonismus: Geht es um den persönlichen Vorteil? Ein mögliches Beispiel für diese ethische Grundhaltung ist: „Schützt meine Anlagen."
6. Anderes/nicht zuzuordnen: Diese Position wurde dann vergeben, wenn eine Argumentation der eigenen Meinung keine ethische Begründung enthielt.

Von den 710 befragten Personen gaben 111 keine Begründung an. Die verbleibenden 599 erhobenen Begründungen wurden von zwei unabhängigen Ratern den beschriebenen ethischen Grundrichtungen zugeordnet. Die dabei erzielte Interrater-Reliabilität entspricht einem hohen Kappa von .90.

Die nachfolgende Analyse bezieht sich ausschließlich auf jene 550 Begründungen, die identisch zugeordnet wurden. 143 Begründungen lassen sich keiner der ethischen Grundpositionen zuordnen und werden in weiterer Folge vernachlässigt.

Tabelle 3: Zugrundeliegende ethische Grundpositionen individueller Begründungen für individuell vertretenes (Nicht-)Eingreifen des Staats bei Finanzmarktkrisen (N = 407 Personen der allgemeinen Bevölkerung)

Ethische Grundposition	*N*	%	*M* (*SD*) für Rechtfertigung
Deontologie	167	41.0	3.46 (1.34)
Utilitarismus	158	38.8	2.06 (1.06)
Intuitionismus	41	10.1	2.85 (.76)
Tugendhafte Ethik	27	6.6	1.63 (1.69)
Hedonismus	14	3.4	2.79 (1.58)

Zwischen Personen, deren Antworten verschiedene ethische Grundpositionen ausdrücken, bestehen statistisch signifikante Unterschiede bezüglich der Frage, ob das Eingreifen des Staates als gerechtfertigt erachtet wird (F (4,402) = 35.42; $p < .01$). Post-Hoc Tests nach dem LSD Verfahren zeigen signifikante Unterschiede auf 5%-Niveau zwischen Deontologie und allen anderen ethischen Positionen (Deontologie-Utilitarismus = 1.39*; Deontologie Intuitionismus = .60*; Deontologie- tugendhafte Ethik = 1.83*; Deontologie - Hedonismus = .67*).

Personen also, die das Eingreifen des Staates am wenigsten als gerechtfertigt erachten, begründen dieses hauptsächlich deontologisch. Das Eingreifen des Staates wird von jenen Personen am meisten befürwortet, die eine tugendhafte Ethik als Begründung für ihre Meinung heranziehen, gefolgt von denjenigen, die utilitaristisch argumentieren. Die ethische Rechtfertigung steht hingegen in keinem Zusammenhang zur Einschätzung des eigenen Wissens über die Finanzkrise. Allerdings zeigt sich ein leichter Unterschied in Bezug auf die Auswirkung der Krise auf das persönliche Leben zwischen den Personen, die eine deontologische Begründung wählen und denjenigen, die utilitaristisch argumentieren. Personen, die eine deontologische Begründung wählen, fühlen sich durch die Krise stärker bedroht ($M_{Utilitarismus}$ = 4.88; SD = 1.57; $M_{Deontologie}$= 5.22; SD = 1.81; t-test für unabhängige Stichproben t (310.82) = 1.78; $p < .05$; d = .20). Das bedeutet, dass die ethische Sichtweise auch dadurch geprägt sein könnte, wie stark Personen persönlich von der Krise betroffen sind.

Entsprechend unserer ursprünglichen Annahme lassen sich die Meinungen, ob das Eingreifen des Staates bei der Finanzkrise gerechtfertigt ist oder nicht, verschiedenen ethischen Grundpositionen in der Begründung dieser Meinung zuordnen. Verglichen mit den stark utilitaristisch geprägten Journalistenmeinungen werden dabei in der allgemeinen Bevölkerung mehr deontologische Grundhaltungen vertreten. Jedoch ziehen auch in der allgemeinen Bevölkerung die Personen, die angeben, sich besser mit der Finanz- und Wirtschaftskrise auszukennen, vermehrt utilitaristische Argumente heran, um zu begründen, ob sie das Eingreifen des Staates gerechtfertigt finden oder nicht. Es liegt die Vermutung nahe, dass die Meinungen dieser Personen über den richtigen Umgang mit der Finanzkrise stärker durch die Medien beeinflusst sind.

Gleich wie bei den Wirtschaftsjournalisten lassen sich auch in der allgemeinen Bevölkerung signifikante Unterschiede zwischen Meinungen, ob staatliches Eingreifen in der Wirtschaftskrise gerechtfertigt ist, und den impliziten ethischen Grundpositionen feststellen, die zur Begründung dieser Meinungen herangezogen werden. Entsprechend der Ergebnisse bei den Journalisten halten Personen, die utilitaristische Argumente verwenden, das Eingreifen des Staates für stärker gerechtfertigt als Personen, die bei ihrer Meinung über das staatliche Eingreifen deontologisch argumentieren.

5.10 Diskussion

Die Ergebnisse der beiden vorgestellten Studien zeigen, dass sich Experten von Laien in der ethischen Begründungsform ihrer Meinung über die Notwendigkeit staatlichen Eingreifens in der Finanzkrise unterscheiden. Während Journalisten vermehrt utilitaristisch argumentieren, verwenden Laien in der Mehrzahl deontologische Argumente.

In der allgemeinen Bevölkerung fällt weiter auf, dass jene Personen mehr utilitaristische Begründungen verwenden, die glauben, sich besser mit der Finanz- und Wirtschaftskrise auszukennen. Dass Experten und Laien sich hinsichtlich ihrer wirtschaftspolitischen Urteile unterscheiden, fanden auch Haferkamp, Fetchenhauer, Belschak & Enste (2009) in Bezug auf die Wahrnehmung von Gerechtigkeit und die Effizienz von Arbeitsmarktreformen. Diese Autoren zeigen anhand einer Befragungsstudie, dass Ökonomen Arbeitsmarktreformen vor allem in Hinblick auf ihre Effizienz beurteilten und häufiger ablehnten, während Laien primär auf Gerechtigkeitsüberlegungen fokussierten und zu gegensätzlichen Schlüssen kamen. Eine mögliche Erklärung dieses Unterschieds besteht darin, dass sich Laien lieber auf feste deontologische Regeln verlassen als situationsspezifische Dynamiken in ethischen Entscheidungsprozessen zu berücksichtigen. Wenn diese Erklärung zutrifft, dann könnten auch in unseren hier vorgestellten Studien eine unterschiedliche Gewichtung von Effizienz- gegenüber Fairnessüberlegungen durch Experten und durch Laien eine Rolle gespielt haben.

In vielen wirtschaftlichen Fragen ist die Effizienz der Handlungsalternativen eindeutig berechenbar, und ein soziales Dilemma lässt sich zumindest theoretisch zum Wohle der Allgemeinheit lösen. Im Unterschied dazu haben wir es bei der aktuellen Frage zur Rechtfertigung staatlichen Eingreifens in der Finanzkrise mit einer neuartigen Problemstellung zu tun, in der ethische und nicht nur rein wirtschaftliche Argumente in den Vordergrund rücken. Denn die herkömmlichen Markteffizienzstrategien haben zu einem Zusammenbruch der Finanzwelt geführt und verlangen nun nach einer Neuausrichtung.

Wie unsere zweite Studie zeigt, offenbart sich eine relativ breite Palette an ethischen Perspektiven, aus denen heraus Staatsinterventionen betrachtet werden können. Deshalb ist es umso dringlicher, eine transparente öffentliche Debatte über mögliche ethischen Grundlagen staatlicher Intervention in einer Finanzkrise zu führen und nicht eine bestimmte ethische Grundposition wie zum Beispiel die des Utilitarismus als einzige und notwendig allgemein gültige vorauszusetzen.

Ein möglicher Einwand gegen die Gültigkeit unserer Ergebnisse folgt aus dem Umstand, dass die befragten Personen in unserer Laienstichprobe unangekündigt mit der Frage konfrontiert wurden, ob aus ihrer Sicht das Eingreifen des Staates ethisch gerechtfertigt ist, und nicht weiter auf die ethische Reflexion ihrer Antwort vorbereitet wurden. Es könnte eingewendet werden, dass die gültige Formulierung einer ethischen Position mehr kognitive Anstrengung erfordert, als lediglich eine Begründung für ein Urteil abzugeben. Jedoch sehen wir gerade in diesem einfachen und direkten Zugang die Chance, implizite ethische Perspektiven zu ergründen, die bei einer längeren bewussten Auseinandersetzung mit diesem Thema zum Beispiel durch eine Orientierung an verfügbaren medialen Meinungen beeinflusst werden würden.

Überdies könnte eingewendet werden, dass Laien die kognitive Reife fehlt, um über komplexe ethische Aspekte in Wirtschaftsfragen Auskunft zu geben. Diese kognitive Reife spiegelt sich zunächst im Erkennen wider, ob eine bestimmte Fragestellung überhaupt einen ethischen Aspekt beinhaltet (Oberlechner & Pitters, 2009); die Fähigkeit, dies zu erkennen, könnte Laien abgesprochen werden. Um diesem Einwand zu begegnen, wurden die Teilnehmer an unserer Studie jedoch explizit durch die Frage nach der ethischen Rechtfertigung auf den ethischen Aspekt ihrer Entscheidung hingewiesen.

Von 710 Teilnehmern der zweiten Stichprobe gaben 112 Personen keinen Grund für ihre Beurteilung staatlichen Eingreifens in der Finanz- und Wirtschaftskrise aus ethischer Sicht an. Die Begründungen weiterer 143 Personen konnten keiner ethischen Grundrichtung zugeordnet werden. Dies bedeutet, dass etwa ein Drittel der Teilnehmer keine gültige Begründung ihrer Beurteilung staatlichen Eingreifens in der Finanz- und Wirtschaftskrise aus ethischer Perspektive abgeben konnte. Dies könnte bedeuten, dass jede Forderung nach mehr Mitbestimmung des Volkes bei wirtschaftspolitischen Entscheidungen berücksichtigen muss, dass die Gesamtheit der Bevölkerung nicht zwingend an wirtschaftsethischen Fragen interessiert ist und die Diskussion freiwillig den Experten überlässt. Gleichzeitig könnte sich eine transparent geführte öffentliche Debatte ethischer Aspekte wirtschaftspolitischer Entscheidungen positiv auf die Zahl derjenigen auswirken, die eine eigene ethische Meinung bilden und diese artikulieren.

Die Ergebnisse zeigen, dass Männer sich in ihrer subjektiven Einschätzung besser mit den Hintergründen der Finanz- und Wirtschaftskrise auskennen als Frauen. Hingegen unterscheidet sich die Häufigkeit gültig formulierter ethischer Positionen nicht von jener der Frauen. Dies könnte auf Overconfidence der Selbsteinschätzung der Männer hinweisen, also eine übergroße Zuversicht in ihr Wissen und ihre Fähigkeiten. Dass Männer in manchen Bereichen der Selbsteinschätzung ungerechtfertigt mehr Vertrauen in ihre eigenen Fähigkeiten besitzen und äußern als Frauen, konnte auch in anderen Studien gezeigt werden (siehe zum Beispiel Barber & Odean, 2001).

Unter Finanzjournalisten sprechen sich jene mehr für Staatsinterventionen aus und argumentieren utilitaristisch, die in der Krise eine stärkere Bedrohung für Österreich wahrnehmen. In der allgemeinen Bevölkerung fühlen sich diejenigen Personen, die ihren wirtschaftspolitischen Standpunkt in Bezug auf das Eingreifen des Staates in der Krise deontologisch argumentieren, persönlich stärker bedroht. Diese Ergebnisse legen nahe, dass die jeweils vertretene ethische Argumentationsweise auch davon abhängt, wie stark ein bestimmtes Thema eine Person fachlich und persönlich tangiert. Eine fachliche Auseinandersetzung des Themas könnte stärker utilitaristische Argumente wecken, während eine persönliche Auseinandersetzung eher deontologische Assoziationen zu allgemeinen mit diesem Thema verbundenen Regeln, Rechten und Pflichten hervorruft.

Welchen Weg der Staat in einer so neuartigen Situation wie der gegenwärtigen Finanz- und Wirtschaftskrise nach Meinung der Bevölkerung gehen soll, lässt sich vielleicht am repräsentativsten anhand des allgemeinen Wahlverhaltens ablesen. Auffallend in diesem Zusammenhang ist das schlechte Abschneiden der sozialdemokratischen Parteien in Europa in jüngster Vergangenheit. Diese Parteien hatten in Ländern wie Deutschland, Österreich, Frankreich und Großbritannien sowohl bei Wahlen auf europäischer Ebene als auch bei Wahlen auf Bundes- und Landesebene starke Verluste zu verzeichnen. Dabei fällt auf, dass von diesen Parteien besonders der Aspekt der sozialen Gerechtigkeit betont wird. So lautete etwa in Österreich ein Slogan der sozialdemokratischen Partei Österreichs (SPÖ) während der Wahlen 2009 zum Europäischen Parlament:„Gerechtigkeit und soziale Sicherheit müssen wieder oberstes Ziel sein. Der Mensch – und nicht der Markt - muss wieder im Zentrum stehen". Ein zeitgleicher Slogan der Österreichischen Volkspartei (ÖVP) hieß hingegen „Wir wollen ein Europa der Mitte, das den Menschen und Unternehmen nützt". Diese Beispiele könnten auf einen allgemein stärker deontologischen Zugang bei der SPÖ hinweisen, während der auf den Nutzen fokussierte Slogan der ÖVP einer eher utilitaristischen Grundhaltung entspricht. Für eine aussagekräftige Analyse, die über diese Einzelbeispiele hinausgeht, könnten etwa die Wahlslogans und Parteiprogramme der Programme einer umfassenden ethischen Analyse unterzogen werden. So könnte bestimmt werden, ob Parteien ihr Programm an einem bestimmten ethischen Standpunkt orientieren, beziehungsweise auf welcher Form von Ethik ihre Schwerpunkte beruhen. In diesem Zusammenhang könnten dann aussagekräftige Rückschlüsse aus den Wahlergebnissen gezogen werden, und es könnte analysiert werden, inwiefern sich die ethischen Begründungsformen in der Bevölkerung mit der jeweiligen Parteipräferenz decken. Hierbei besteht allerdings die Schwierigkeit, dass sich Wahlentscheidungen aus Meinungen zu ganz verschiedenen Themengebieten zusammensetzen, während sich die vorgestellten Studien auf die Frage der Staatsintervention bei der Wirtschaftskrise beschränken mussten. Dies könnte erklären, dass auch wenn die Mehrheit unserer Stichprobe deontologische Argumente für das Eingreifen des Staates verwendet, derzeit die meisten Wähler Parteien wählen, die für eine zweckorientierte Politik stehen.

Abschließend bleibt festzuhalten, dass die gegenwärtige Finanzkrise in jedem Fall zu einer lebhaften öffentlichen Debatte über die Notwendigkeit staatlichen Eingreifens in traditionell privatwirtschaftliche Wirtschaftsbereiche geführt hat. In dieser Debatte treffen höchst unterschiedliche ethische Motive aufeinander, die häufig mit ganz verschiedenen präskriptiven Schlussfolgerungen verbunden sind. In der Regel bleiben die zugrunde liegenden ethischen Motive jedoch implizit und werden nicht explizit gemacht. Die Ergebnisse unserer Studien weisen darauf hin, wie wichtig diese stillschweigend vorausgesetzten ethischen Grundannahmen in Meinungen über die Notwendigkeit staatlicher Interventionen sind und wie sehr sich diese zwischen verschiedenen Betroffenengruppen und innerhalb derselben Betroffenengruppe unterscheiden können. Aus wirtschaftspsychologischer Sicht erscheinen Maßnahmen wichtig, die zu einem größeren Bewusstsein und mehr öffentlicher Transparenz dieser grundlegenden ethischen Überzeugungen im Umgang mit der Finanzkrise führen.

6 Finanzielle Ehrlichkeit - Konsequenzen für die Gesellschaft und mögliche Determinanten im interkulturellen Vergleich

von Thomas Goebbels und Detlef Fetchenhauer

6.1 Financial Honesty

Consequences for society and potential determinants in cross-cultural comparison

Why are some countries wealthier than others? Social capital theory regards financial honesty as one reason for cross-country differences in material well-being. Financial honesty can raise the efficiency of the economy and thus stimulate economic growth. Following this argument, studies are presented that document the influence of financial honesty on the wealth of a society. The higher the level of financial honesty, the more economic growth in the following years and the higher the gross domestic product of a country ten years later. Where do differences in financial honesty stem from? It is argued that these differences are at least partly due to the culture of the respective country. In a sample of 18 western industrialized countries, four correlates of financial honesty were found (authoritarian educational goals, age of democracy, female empowerment, religious tradition). The less frequent authoritarian educational goals are pursued, the longer the time-span of uninterrupted democracy, the more women in public duties and the more protestant the religious tradition of a country, the higher the financial honesty of its citizens.

Keywords: Social capital, financial honesty, economic growth, goals of education

Warum sind Menschen in manchen Ländern wohlhabender als in Anderen? Gemäß der Theorie des sozialen Kapitals sind solche Differenzen auch auf die unterschiedliche finanzielle Ehrlichkeit der Bürger dieser Länder zurückzuführen. Finanzielle Ehrlichkeit kann die Effizienz der Wirtschaft steigern und so das Wirtschaftswachstum positiv beeinflussen. In Übereinstimmung mit dieser Argumentation werden Studien vorgestellt, die belegen, dass finanzielle Ehrlichkeit einen signifikanten Einfluss auf den Wohlstand einer Gesellschaft ausübt. Je höher das Niveau an finanzieller Ehrlichkeit, desto stärker ist das Wirtschaftswachstum der Folgejahre und desto höher ist das Bruttoinlandsprodukt des Landes zehn Jahre später. Woher jedoch rühren die Unterschiede an finanzieller Ehrlichkeit im internationalen Vergleich? Es zeigt sich, dass diese Unterschiede zum Teil in der Kultur eines Landes begründet sind. In einer Stichprobe von 18 westlichen Industrienationen finden sich vier Korrelate von finanzieller Ehrlichkeit (Autoritäre Erziehungsziele, Alter der Demokratie eines Landes, Gleichberechtigung, religiöse Tradition). Je weniger häufig autoritäre Erziehungsziele verfolgt werden, je länger der Zeitraum einer ununterbrochenen Demokratie, je mehr Frauen öffentliche Ämter bekleiden und je protestantischer die Tradition eines Landes, desto höher ist die finanzielle Ehrlichkeit seiner Bürger.

Schlüsselwörter: Soziales Kapital, finanzielle Ehrlichkeit, Wirtschaftswachstum, Erziehungsziele

6.2 Finanzielle Ehrlichkeit und Wirtschaftswachstum

In diesem Kapitel wird betrachtet, welche Auswirkungen das durchschnittliche Maß an finanzieller Ehrlichkeit auf den Wohlstand einer Gesellschaft hat und was dafür bestimmend sein könnte, dass Menschen in manchen Ländern finanziell ehrlicher sind als in anderen Ländern. Finanzielle Ehrlichkeit ist hierbei durch die Einstellung zu mehreren Verhaltensweisen charakterisiert, unter die auch die Neigung zur Steuerhinterziehung, sowie inhaltlich der Schattenwirtschaft verbundene Aktivitäten fallen.

Makroökonomischen Theorien zufolge hängt die Höhe des Einkommens einer Gesellschaft vor allem davon ab, wie viele Arbeitskräfte vorhanden sind, wie gut diese ausgebildet sind, wie der Stand der technologischen Entwicklung ist und über wie viel Kapital zur

Produktion von Gütern und Dienstleistungen eine Gesellschaft verfügt. Geht man unter Vernachlässigung etwaiger demographischer Unterschiede davon aus, dass in Dänemark und Portugal etwa gleich viel Arbeitszeit pro Kopf zur Verfügung steht, müsste also im Mittel jeder Däne extrem viel besser ausgebildet und mit einem Vielfachen an Kapital ausgestattet sein, damit bei gleicher Arbeitszeit das doppelte Einkommen entsteht.

Möglicherweise spielt jedoch ein bisher von der Volkswirtschaftslehre wenig beachteter Faktor ebenfalls eine Rolle in diesem Vergleich. Neben den bereits beschriebenen Faktoren existiert etwas, was als die „Fadenzahl des sozialen Gewebes“ bezeichnet werden kann (Casey & Christ, 2005). Es handelt sich um das soziale Kapital einer Gesellschaft, deren Bedeutung in den Sozialwissenschaften unter anderem durch die Arbeiten von Coleman (1990) und Putnam (1993) betont worden ist. Putnam definiert soziales Kapital als Elemente der sozialen Organisation, wie Vertrauen, Normen und Netzwerke, die geeignet sind, die Koordination von Handlungen zu erleichtern und damit die Effizienz einer Gesellschaft zu steigern (1993, p.167).

Besonderes Augenmerk wird hier auf die finanzielle Ehrlichkeit in einer Gesellschaft und deren Niederschlag in Form von geringeren Transaktionskosten bei wirtschaftlich relevanten Handlungen gelegt. In praktisch jedem Geschäft, das wir im Alltag tätigen, spielt Ehrlichkeit eine Rolle und trägt dazu bei, die Kosten der Abwicklung des Geschäfts zu mindern. Beispiele für die Reduktion von Transaktionskosten durch Ehrlichkeit sind: 1) Schriftliche Verträge werden überflüssig, oder müssen nicht mehr mit

Aufwand "wasserdicht" gestaltet werden, wenn man sich auf die Ehrlichkeit des Vertragspartners verlassen und darauf vertrauen kann, nicht vom Vertragspartner ausgebeutet zu werden. 2) Teure Rechtsstreitigkeiten werden vermieden. 3) Weniger Institutionen sind notwendig, um die Einhaltung von Verträgen zu überwachen (Knack & Keefer, 1997). Dazu passend definiert Fukuyama (1995) das Misstrauen gegenüber der Aufrichtigkeit des Geschäftspartners als eine Steuer, mit welcher wirtschaftliche Handlungen belegt sind. Entfällt diese Steuer, sinken die Transaktionskosten. Ressourcen, die sonst zur Kontrolle von Geschäftspartnern und Mitarbeitern verwendet würden, können nun gewinnbringend eingesetzt werden.

Ein hohes Maß an Ehrlichkeit kann auch Investitionen stimulieren. Vertrauen in die Aufrichtigkeit von Regierungsaussagen zur Konstanz der Steuergesetzgebung kann bedeutend für Investitionsentscheidungen sein (Knack & Keefer, 1997). Investitionen in Forschung und Entwicklung fallen leichter, wenn kein Plagiarismus oder Ideendiebstahl befürchtet werden muss. Der Anreiz zur Investition in die eigene Ausbildung ist in einer Gesellschaft mit einem hohen Maß an Ehrlichkeit höher. Herrscht ein hohes Maß an Ehrlichkeit, so kann die Auswahl von Mitarbeitern stärker anhand ihrer formalen Qualifikation getroffen werden. Mitglieder einer solchen Gesellschaft haben somit einen Anreiz zur Investition in ihre Ausbildung, da dies bei der Bewerberwahl berücksichtigt wird. Ist das Maß an Ehrlichkeit in einer Gesellschaft jedoch gering, spielt die Verwandtschaft oder persönliche Bekanntschaft eines Bewerbers eine gewichtige Rolle, da so die Vertrauenswürdigkeit des Bewerbers sichergestellt wird. Seine formale Qualifikation tritt dagegen in den Hintergrund.

Finanzielle Ehrlichkeit stimuliert demnach Investitionen und Innovationen (technischen Fortschritt). Makroökonomisch ergibt sich so ein Zusammenhang zwischen dem Maß an finanzieller Ehrlichkeit in einer Gesellschaft und dem möglichen Wirtschaftswachstum, da sowohl ein Plus an Investitionen, als auch aus Innovationen gespeister technischer Fortschritt wirtschaftliches Wachstum befördern. Je höher also die finanzielle Ehrlichkeit in einem Land ist, desto höher sollte das Wirtschaftswachstum in einem Land ausfallen. Ein höheres Maß an finanzieller Ehrlichkeit sollte einem Land somit im Laufe der Zeit einen größeren Wohlstand bescheren, als Ländern mit einem geringen Maß an finanzieller Ehrlichkeit.

6.3 Messung von finanzieller Ehrlichkeit

Offensichtlich stellt die Messung von finanzieller Ehrlichkeit auf einem länderübergreifenden Niveau eine große Herausforderung dar, da es hierzu notwendig ist, umfassende Untersuchungen in verschiedenen Ländern durchzuführen. Glücklicherweise wurden im Zuge der World Value Surveys einige Items erhoben, welche als Indikatoren für finanzielle Ehrlichkeit angesehen werden können. Der World Value Survey ist eine umfangreiche, internationale Erhebung, welche in einer Vielzahl von Ländern bereits zu verschiedenen Zeitpunkten durchgeführt wurde. Um den Einfluss von finanzieller Ehrlichkeit auf die wirtschaftliche Entwicklung eines Landes zu untersuchen, bedienten sich Fetchenhauer & van der Vegt (2001) ebenso wie Knack & Keefer (1997) der damals verfügbaren Daten der ersten beiden Erhebungswellen des WVS (1981 und 1990) (Inglehart, 1990, 1997). Zu beiden Erhebungszeitpunkten wurden zufällige Stichproben von jeweils 1.000 bis 2.000 Personen pro Land befragt.

Das Maß an finanzieller Ehrlichkeit setzte sich in beiden Untersuchungen aus verschiedenen Verhaltensweisen zusammen, welche den Befragten zur Einschätzung ihrer moralischen Verwerflichkeit vorgelegt wurden. Diese lauteten im Einzelnen: a) „Ungerechtfertigte Inanspruchnahme von staatlichen Leistungen“; b) „Schwarzfahren mit einem öffentlichen Verkehrsmittel“; c) „Steuerhinterziehung, sofern Gelegenheit besteht“; d) „Behalten von gefundenem Geld“; e) „Unfallflucht bei der Beschädigung eines geparkten Fahrzeuges“ f) „Kauf von Hehlerware“ und g) „Annehmen von Schmiergeldern im Rahmen der beruflichen Tätigkeit“. Die Befragten konnten einen Wert zwischen 1 (niemals zu rechtfertigen) und 10 (immer zu rechtfertigen) wählen. Eine dieser Verhaltensweisen („Steuerhinterziehung“) bezieht sich direkt auf das Phänomen der Schattenwirtschaft, zwei weitere („Kauf von Hehlerware“; „Annehmen von Schmiergeld“), sind inhaltlich damit verbunden.

Grundsätzlich wurden alle genannten Verhaltenweisen von den Befragten sämtlicher Länder im Mittel als illegitim eingestuft. Die Mittelwerte reichten von 1,6 („Kauf von Hehlerware“) bis 3,0 („Behalten von gefundenem Geld“). Dennoch zeigten sich erhebliche Unterschiede im Vergleich der Länder untereinander.

Es könnte der Einwand bestehen, dass das Antwortverhalten der Befragten stark von Aspekten der sozialen Wünschbarkeit beeinflusst war und somit von diesen Items nicht auf die tatsächliche Ehrlichkeit der Befragten geschlossen werden könne.

Hiergegen lassen sich jedoch die folgenden Einwände erheben:
1) In 14 verschiedenen Ländern Europas, sowie in 12 amerikanischen Städten wurden in einem Experiment der Zeitschrift Reader's Digest (Economist, 1996) jeweils 20 Brieftaschen vorsätzlich verloren, ausgestattet mit $50 in bar sowie der Adresse des mutmaßlichen Eigentümers. Die Quote der mit vollständigem Inhalt zurückgegebenen Brieftaschen korrelierte sowohl bei Knack & Keefer (1997), als auch bei Fetchenhauer & van der Vegt (2001) hoch mit ihrem Maß für finanzielle Ehrlichkeit.
2) In einer Untersuchung zum Zusammenhang von finanzieller Ehrlichkeit und Kriminalität nutzte Halpern (2001) einen sehr ähnlichen Index für finanzielle Ehrlichkeit und setze diesen in Beziehung zu Kriminalitätsraten wie sie im International Crime Victimization Survey (ICVS) gemessen wurden (van Dijk & Mayhew, 1992). Im ICVS wurden Personen darüber befragt, ob sie in den letzten 12 Monaten ein Opfer von Kriminalität verschiedener Art geworden waren. Ein Index, bestehend aus fünf verschiedenen schweren Delikten (Diebstahl, Einbruch, Raub, Körperverletzung und sexuelle Nötigung), wurde als Maß für die nationale Kriminalitätsrate herangezogen. Basierend auf einem Sample von 15 westlichen Staaten konnte gezeigt werden, dass das Niveau der finanziellen Ehrlichkeit umso höher war, je niedriger die Kriminalitätsrate des Landes ausfiel (r= -0.49). Dieser negative Zusammenhang zwischen Ehrlichkeit und Kriminalitätsraten blieb signifikant, wenn andere potentielle Prädiktoren von Kriminalitätsraten (bspw. Urbanisation, ökonomische Ungleichheit oder Bruttoinlandsprodukt) kontrolliert wurden.

6.4 Ehrlichkeit und Vertrauen als Elemente des sozialen Kapitals

Putnam (1993) nimmt an, dass Vertrauen und Ehrlichkeit als zwei wichtige Elemente des sozialen Kapitals positiv miteinander korreliert sind. Für eine positive Korrelation gibt es zwei Erklärungsansätze (Knack & Keefer, 1997). Erstens: Menschen in einem Land mit einem hohen Maß an Ehrlichkeit vertrauen einander, weil sie wissen, dass die meisten ihrer Mitmenschen ehrlich und daher auch vertrauenswürdig sind. Demzufolge wäre Vertrauen allgemein das Ergebnis der Wahrnehmung der Ehrlichkeit seines Umfelds. Empirische Ergebnisse stützen diese Vermutung. So zeigte sich z.B., dass Menschen tatsächlich in der Lage sind, die Vertrauenswürdigkeit eines fremden Gegenübers binnen 20 Sekunden valide einzuschätzen (Fetchenhauer, Pradel & Groothuis, in press). Zweitens: In vielen Situationen "zahlt es sich nur aus" ehrlich zu sein, bzw. zu vertrauen, wenn alle anderen Beteiligten ebenfalls ehrlich, bzw. vertrauenswürdig sind. Dieser Argumentation folgend verstärken sich Vertrauen und Ehrlichkeit gegenseitig. Je eher die Menschen dazu neigen, einander zu vertrauen, desto ehrlicher sind sie auch zueinander und vice versa. Wenn Vertrauen und finanzielle Ehrlichkeit also positiv miteinander korreliert sind, sollte sich diese Korrelation bei einer validen Messung von finanzieller Ehrlichkeit auch in den analysierten Daten zeigen.

Tatsächlich bestätigte sich der Zusammenhang von Vertrauen und finanzieller Ehrlichkeit. Das Maß an finanzieller Ehrlichkeit korrelierte signifikant mit dem interpersonellem Vertrauen der Länder, ebenfalls gemessen mit Daten aus dem World Value Survey ($r = .48$; $p < .01$) (Fetchenhauer & van der Vegt, 2001). In Frankreich sind die Menschen somit nicht nur allgemein finanziell sehr unehrlich, sie wissen es auch und vertrauen ihren Landsleuten so gut wie gar nicht. Dänemark hingegen weist im Vergleich eine immens hohe finanzielle Ehrlichkeit auf. Entsprechend groß ist auch das Vertrauen der Dänen in Einander, denn sie wissen sehr wohl, „Dänen lügen nicht“, wie man es in Anlehnung an einen bekannten Schlager formulieren könnte (Fetchenhauer & Goebbels, 2007). Je höher also die gemessene finanzielle Ehrlichkeit in einem Land ausfiel, desto mehr vertrauten die

Menschen einander auch[1]. Abbildung 1 verdeutlicht dies für die Daten der ersten Erhebungswelle des World Value Survey (1981).

Abbildung 1

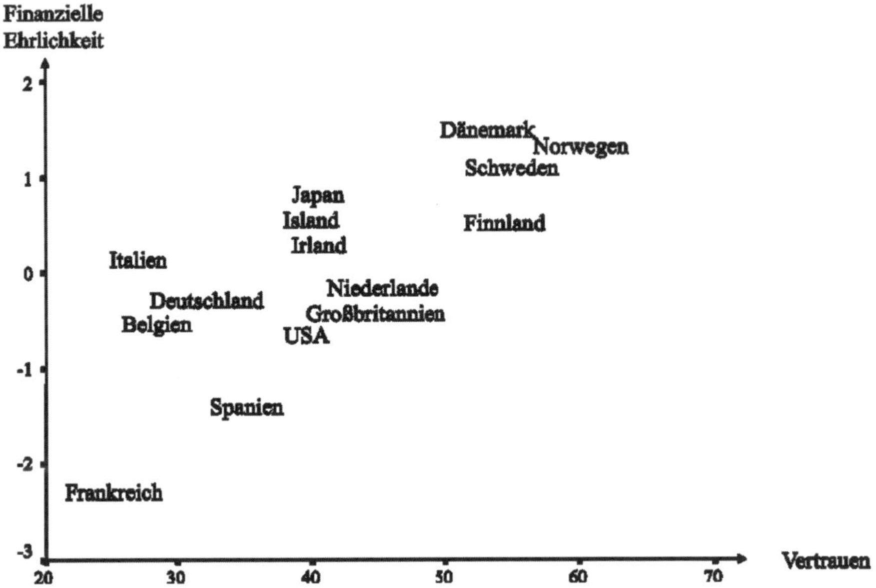

Die externe Validität der Messung von finanzieller Ehrlichkeit aus Daten des WVS konnte also durch drei Kriterien gestützt werden. Je höher die Werte der Skalen für finanzielle Ehrlichkeit in einem Land ausfielen, desto häufiger wurden verlorene Brieftaschen an ihre Eigentümer zurückgesandt, desto niedriger lag die Kriminalitätsrate in diesem Land und desto mehr vertrauten die Menschen einander.

Forschungsergebnisse zum Zusammenhang von finanzieller Ehrlichkeit und Wirtschaftswachstum

Knack & Keefer (1997) analysierten den Einfluss von finanzieller Ehrlichkeit in einem Land auf dessen durchschnittliche Wachstumsrate des Pro-Kopf-Einkommens von 1980-1992. Dabei beziehen sie drei Kontrollvariablen mit ein: Den Anteil der Schüler, die sich in Grundschule und weiterführender Schule im Jahr 1960 angemeldet haben,

[1] Spieltheoretische Untersuchungen mit dem so genannten „Vertrauensspiel" zeigen im Übrigen, dass Menschen dazu neigen, die Vertrauenswürdigkeit Anderer deutlich zu unterschätzen (Fetchenhauer & Dunning, 2009).

das Pro-Kopf-Einkommen im Jahr 1980, sowie die Investitionsgüterpreise im Jahr 1980, relativ zu den USA. Dabei zeigte sich ein signifikanter Einfluss von finanzieller Ehrlichkeit auf das durchschnittliche Wirtschaftswachstum eines Landes.

Zu ähnlichen Ergebnissen kommen Fetchenhauer & van der Vegt. Sie verwenden als Kontrollvariablen das Pro-Kopf-Einkommen der Länder in den Jahren 1980 und 1990, das jeweilige Bruttosozialprodukt der Länder, sowie den Anteil der Landwirtschaft am Bruttoinlandsprodukt. Zusätzlich ziehen die Autoren den Gini-Index, ein Maß zur Ermittlung sozialer Ungleichheit innerhalb eines Landes heran, sowie den Grad der Urbanisierung im Land.

In beiden Studien zeigte sich somit ein signifikanter Einfluss finanzieller Ehrlichkeit auf die Wachstumsrate eines Landes. Dennoch ist die kausale Interpretation dieses Zusammenhangs nicht trivial. Ein Zyniker könnte nämlich die angenommene Kausalität in Zweifel ziehen. Er könnte argumentieren, dass es sich bei finanzieller Ehrlichkeit um ein „Luxusgut" handelt, welches man sich erst leisten kann, wenn man bereits über einen erheblichen Wohlstand verfügt („Erst kommt das Fressen, dann die Moral").

Wenn dies so wäre, dann sollte der Wohlstand eines Landes einen *kausalen* Einfluss auf die finanzielle Ehrlichkeit seiner Bürger haben, während die Sozialkapitaltheorie von einer umgekehrten Kausalität ausgeht. Welche dieser beiden Kausalhypothesn zutrifft, lässt sich jedoch nur im Rahmen einer Längsschnittanalyse beantworten.

Aus diesem Grund analysierten Fetchenhauer und van der Vegt den Einfluss der finanziellen Ehrlichkeit und des Bruttoinlandsprodukts im Jahr 1981 auf die gleichen Variablen im Jahr 1990 (siehe Abbildung 2).

Abbildung 2

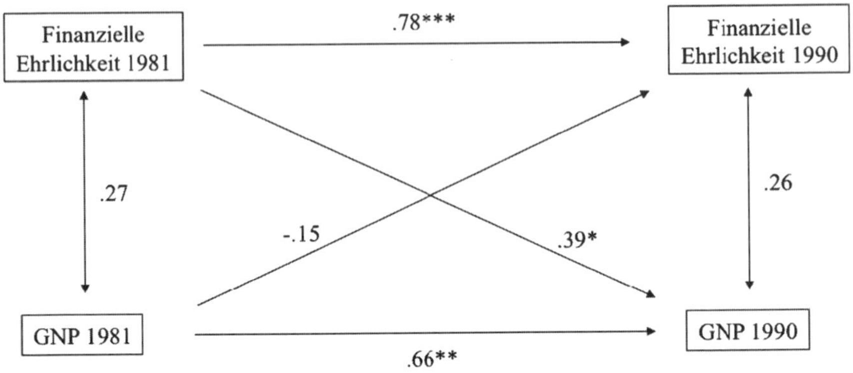

Es zeigte sich, dass die finanzielle Ehrlichkeit eines Landes im Jahr 1981 einen signifikanten Einfluss auf das Bruttoinlandsprodukt des Landes im Jahr 1990 hatte (ß = .36; $p < .05$), jedoch ergab sich kein signifikanter Einfluss des Bruttoinlandsproduktes 1981 auf das Maß an finanzieller Ehrlichkeit 1990. Das Ergebnis spricht folglich für die These, dass das Maß an finanzieller Ehrlichkeit den Wohlstand eines Landes beeinflusst und finanzielle Ehrlichkeit somit als eine Determinante für Wohlstand betrachtet werden kann. Eine Wirkung des Wohlstandes auf die finanzielle Ehrlichkeit konnte hingegen nicht bestätigt werden.

Zusammenfassend lässt sich somit festhalten, dass das Maß an finanzieller Ehrlichkeit in einer Gesellschaft einen kausalen Einfluss auf deren wirtschaftliche Entwicklung hat. Dieser Einfluss bleibt auch dann robust, wenn für andere potentielle Einflussfaktoren auf das Wirtschaftswachstum, wie Pro-Kopf-Einkommen, Bildung, Grad der Urbanisierung oder soziale Ungleichheit kontrolliert wird.

Woher jedoch rühren die Unterschiede an finanzieller Ehrlichkeit zwischen den Ländern? Wie lassen sich diese Unterschiede erklären?

6.5 Determinanten finanzieller Ehrlichkeit

Die Determinanten finanzieller Ehrlichkeit sind bisher noch weitgehend unerforscht. Im Folgenden sollen einige kulturelle Korrelate von finanzieller Ehrlichkeit identifiziert und Erklärungen zur Interpretation der Korrelationen gefunden werden (siehe zu der folgenden Argumentation auch Fetchenhauer & Goebbels, 2007 sowie Fetchenhauer & Wittek, 2006).

Alle Verhaltensweisen, mit denen die finanzielle Ehrlichkeit in einem Land gemessen wurde, weisen eine sehr niedrige Entdeckungswahrscheinlichkeit auf. Delikte wie Schwarzfahren mit öffentlichen Verkehrsmitteln, Hinterziehen von Steuern oder das Behalten von gefundenem Geld geschehen typischerweise anonym und ohne die Beobachtung durch Mitmenschen, die eine Einhaltung der gesellschaftlich erwünschten Verhaltensweisen erwirken könnten. Die Motivation, sich in einer solchen Situation dennoch finanziell ehrlich und somit der gesellschaftlichen Norm entsprechend zu verhalten, muss somit intrinsischer Natur sein. Was ist jedoch dafür verantwortlich, dass Menschen Normen wie finanzielle Ehrlichkeit internalisieren?

6.6 Der Einfluss von Erziehungszielen auf finanzielle Ehrlichkeit

Eine erste wichtige Determinante kann in der Forschung über Erziehungsstile gefunden werden (Hoffman, 2000; siehe auch Hoffman, 1970). In welchem Maße Kinder während ihrer Erziehung Normen sozialer Fairness, wie finanzielle Ehrlichkeit, internalisieren, hängt unter anderem davon ab, welche Erziehungsmethoden zur Anwendung kommen. Wie Hoffman (2000) betont, besteht ein großer Teil der Interaktionen zwischen einem Kind und dessen Eltern in der Ermahnung des Kindes nach zuvor gezeigtem Fehlverhalten. Solche disziplinarischen Anstrengungen können bis zu 10 Mal innerhalb einer Stunde, beziehungsweise 50 Mal innerhalb eines Tages oder 15.000 Mal im Jahr auf das Kind einwirken (Hoffman, 2000). Hoffman zufolge treten diese Anstrengungen in drei verschiedenen Formen auf:

6.6.1 Ausübung von Druck oder Gewalt

Diese Art von Verhalten beinhaltet die akute Anwendung physischer Gewalt oder den Entzug von Besitz oder Rechten (Stubenarrest), bzw. die Androhung dessen. Im Beispiel: Eine Mutter beobachtet ihren sechsjährigen Sohn dabei, wie er seinen jüngeren Bruder schlägt, und sagt daraufhin zu ihm: „Wenn du das nicht sofort unterlässt, dann schlage ich dich auch".

6.6.2 Liebesentzug.

Hierbei drohen die Eltern Liebesentzug an, oder versagen dem Kind tatsächlich das Zeigen ihrer Zuneigung. Ein Beispiel: „Wenn du deinem kleinen Bruder wehtust, lese ich dir heute Abend keine Gute-Nacht-Geschichte vor".

6.6.3 Vermitteln von Einsicht (Induktion)

Eltern nutzen diese Methode, um ihren Kindern die Perspektive des Opfers ihres Fehlverhaltens nahe zu bringen. Damit versuchen sie bei dem Kind Empathie für das Leiden des Opfers zu wecken. Im Beispiel: „Dein kleiner Bruder ist sehr traurig, wenn du ihn immerzu schlägst".

Hoffman (2000) zufolge sind alle drei disziplinarischen Ansätze in den meisten Situationen erfolgreich. In der Mehrzahl der Fälle sind die Eltern in der Lage, ein bestimmtes Verhalten bei ihrem Kind zu unterbinden (zumindest für den Moment). Des Weiteren machen alle drei Methoden dem Kind deutlich, dass die Eltern mit dem gezeigten Verhalten nicht einverstanden sind. Hoffman führt jedoch an, dass zwischen den drei beschriebenen Methoden sehr relevante Unterschiede bestehen:

"Inductions do two important things that other discipline techniques do not do: (a) they call attention to the victim's distress and make it salient to the child, thus tapping into the child's empathic proclivity (using it as an ally) by activating any or all of his or her empathy-arousing mechanisms and producing empathic distress and (b) inductions point up to the role of the child's action in causing that distress. This creates the condition for feeling empathy-based guilt, which is a feeling of intense disesteem for oneself for wrongfully hurting another" (Hoffman, 2000, p.151).

Er argumentiert weiter, dass umso mehr prosoziales Verhalten von den Kindern internalisiert wird, je mehr die Eltern von der Vermittlung von Einsicht in der Kindererziehung Gebrauch machen, da dies die einzige disziplinarische Maßnahme ist, welche in einem Kind Empathie für das Opfer seines Fehlverhaltens zu wecken vermag. Wie eine Vielzahl an Studien gezeigt hat, ist Empathie eine starke Determinante für prosoziales Verhalten. Besonders Daniel Batson (1991) machte dies zur zentralen Annahme in seinen Studien über altruistisches und prosoziales Verhalten (für einen Überblick über die jeweiligen Studien siehe Bierhoff, 2002). Empirische Überprüfungen der Theorie Hofmans konnten diese ganz überwiegend bestätigen (Kuczynski, 1983; Sawin & Parke, 1980; Krevans & Gibbs, 1996).

Zusammenfassend lässt sich aus Hoffmans Theorie der Internalisierung von Normen (2000) ableiten, dass Menschen sich umso mehr solidarisch und prosozial verhalten werden, je mehr sie in einer Kultur aufgewachsen sind, die Wert darauf legt, dass die Internalisierung von prosozialen Normen durch Stimulation des Mitgefühls mit dem Opfer des antisozialen Verhaltens erreicht wird. Auf der anderen Seite werden Menschen aus Kulturen, die Normen vor allem über Bestrafung und Sanktionen vermitteln, nur dann Regeln von Fairness und Ehrlichkeit folgen, wenn in der jeweiligen Situation Sanktionen zu befürchten sind. Verwandte Ansätze zur Erklärung der Tatsache, dass Menschen sich weniger prosozial verhalten, wenn ihnen mit Bestrafung gedroht wird, wären Freys „Economic Theory of personal Motivation" (Frey & Ntozake, 1997) oder Decis Theorie der intrinsischen Motivation (1975), welche hier jedoch aus Platzgründen nicht weiter ausgeführt werden können.

6.7 Die Messung von Erziehungsstilen

Innerhalb der World Value Surveys werden die Teilnehmer nicht besonders ausführlich über ihre Erziehungsmethoden befragt. Immerhin wurden ihnen aber „elf Werte, die Kinder zu Hause lernen sollten" vorgelegt und sie wurden gebeten, unter diesen fünf auszuwählen, die sie als besonders wichtig erachteten. Dieser Regel wurde jedoch nicht in allen Ländern im selben Maße Folge geleistet (bspw. nannten Befragte aus Island durchschnittlich 8,3 der 11 Werte). Daher wurde hier die Wichtigkeit eines Erziehungszieles durch die Häufigkeit der Nennung in Relation zur Gesamtzahl der als wichtig genannten Ziele bestimmt. Zwei dieser 11 Werte können als Indikatoren für einen eher von Druck und Gewalt geprägten Erziehungsstil betrachtet werden: „Gehorsamkeit" und „Selbständigkeit". Im Einklang damit wiesen beide Werte eine stark negative Beziehung zueinander auf ($r = -.64$; $p < .01$): Je öfter die Befragten eines Landes Gehorsamkeit als wichtiges Ziel nannten, desto weniger häufig wurde Selbstständigkeit als Ziel angeführt. Somit war es möglich, beide Variablen in einer Skala zu vereinen, welche fortan als „autoritaristische Erziehungsziele" bezeichnet.

Hierbei zeigten sich bemerkenswerte interkulturelle Unterschiede zwischen den untersuchten Ländern. In Dänemark gab beispielsweise nur eine Minderheit von 20% Gehorsamkeit als wichtiges Erziehungsziel an, während die überwiegende Mehrheit von 81% Selbstständigkeit als wichtig erachtete. Im Gegensatz dazu nannten 53% der Franzosen Gehorsamkeit als wichtig, während nur eine Minderheit von 27% Selbstständigkeit als ein wichtiges Ziel der Kindererziehung angab. Mit diesen Werten notierte Dänemark am niedrigsten, Frankreich jedoch am höchsten auf der Skala „autoritaristische Erziehungsziele" Die Korrelation zwischen autoritaristischen Erziehungszielen und finanzieller Ehrlichkeit betrug $r = -.67$ ($p < .01$). Je weniger Bürger eines Staates autoritaristische Erziehungsziele befürworteten, desto finanziell ehrlicher waren dessen Einwohner im Durchschnitt. Die einzelnen Länder und ihre Werte für finanzielle Ehrlichkeit können der Tabelle im Anhang entnommen werden. Abbildung 3 zeigt, welche Werte die 18 einbezogenen, westlichen Industrienationen auf den beiden Dimensionen erreichten.

Abbildung 3

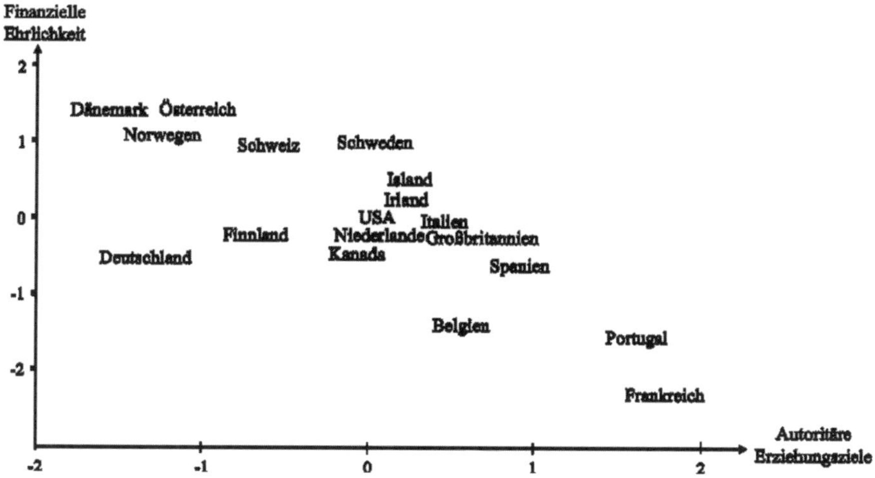

Wie aus der Abbildung hervorgeht, wiesen die Werte der untersuchten Länder deutliche Unterschiede auf: In beiden Dimensionen lagen die Länder mit den höchsten Werten circa 4 Standardabweichungen höher als die Länder mit den niedrigsten Werten (zum Zusammenhang zwischen Erziehungszielen und finanzieller Ehrlichkeit siehe auch Fetchenhauer & Wittek, 2006). Die Erziehungsziele, welche in einer Gesellschaft verfolgt werden, geben Auskunft über ihre autoritären Tendenzen. Dominieren autoritäre Erziehungsziele, so ist dies ein Hinweis auf eine insgesamt autoritär geprägte Kultur. Dieser Argumentation folgend wurden weitere Korrelate einer autoritären Kultur auf ihren Zusammenhang mit finanzieller Ehrlichkeit untersucht.

6.8 Demokratiealter und finanzielle Ehrlichkeit

Welchen Einfluss hat die demokratische Tradition eines Landes auf die finanzielle Ehrlichkeit der in ihm lebenden Menschen? Sämtliche nichtdemokratische Regimes beruhen darauf, dass ihre Untertanen zu blindem Gehorsam gegenüber den Herrschenden verpflichtet sind. Darüber hinaus ist zu vermuten, dass in nichtdemokratischen Gesellschaften Menschen dazu sozialisiert werden, den Staat nicht als die Summe seiner Bürger zu betrachten, sondern als einen Feind, gegenüber dem Ehrlichkeit nicht notwendig und sinnvoll ist. Der Grundgedanke jeglicher Demokratie besteht hingegen darin, dass Menschen zu Solidarität und finanzieller Ehrlichkeit bereit sind aus der Erkenntnis, dass dies notwendig ist für den Erhalt der Gesellschaft und des Staates. Von daher ist zu vermuten, dass die finanzielle Ehrlichkeit vor allem in solchen Ländern hoch sein sollte, die über eine lange demokratische Tradition verfügen. Die 18 untersuchten Länder unterscheiden sich in der Länge der Zeitspanne, in der sie ununterbrochen bis zum heutigen Tage durch eine demokratische Regierung geführt wurden. Die Länder wurden im Folgenden in drei verschiedene Kategorien eingeordnet: 1) Länder, die mindestens seit dem Ende des ersten Weltkrieges demokratisch sind (bspw. Dänemark, Schweiz, Großbritannien oder USA); 2) Länder die nach dem zweiten Weltkrieg demokratisch wurden (bspw. Deutschland, Österreich oder Italien) und 3) Länder mit einer nicht-demokratischen Regierung in einem Zeitraum nach dem zweiten Weltkrieg (Portugal, Spanien) (siehe Tabelle im Anhang für die Werte aller in dieser Studie befindlichen Länder).

Tatsächlich zeigte sich eine positive Korrelation ($r = .56$) zwischen Demokratiealter und finanzieller Ehrlichkeit.

6.9 Religiöse Tradition und finanzielle Ehrlichkeit

Ein weiteres Korrelat autoritärer Kulturen findet sich in der christlichen Tradition der untersuchten Länder. Es ist anzunehmen, dass ein eher katholisch geprägtes Land eine autoritaristische/ patriarchalische Kultur aufweist. Diese Annahme leitet sich daraus ab, dass Religion und ihre Institutionen die kulturellen Werte der Gesellschaft bereits seit Jahrhunderten prägen (Hofstede, 1998). Die katholische Kirche kann als wesentlich autoritaristischer und patriarchalischer als die protestantische Kirche beschrieben werden. Bereits die Organisationsstruktur der katholischen Kirche, mit einem Papst, der nahezu diktatorische Macht besitzt, ist hochgradig undemokratisch. Des Weiteren ist es Frauen bis zum heutigen Tage verwehrt, ein Priesteramt zu bekleiden - eine Tatsache, die klar die patriarchalische Natur dieser Kirche hervorhebt, in der große Unterschiede zwischen Männern und Frauen gemacht werden. Um den Zusammenhang zwischen konfessioneller Tradition und finanzieller Ehrlichkeit zu überprüfen, wurden alle Länder in drei Kategorien eingeordnet (siehe Tabelle im Anhang): 1) Länder mit einer starken protestantischen Tradition und einem hohen Prozentsatz an Protestanten (bspw. Schweden oder Norwegen); 2) Länder mit einer gemischten Kultur von sowohl Protestanten als auch Katholiken (bspw. Deutschland oder die USA) und 3) Länder mit einem hohen Prozentsatz an Katholiken (bspw. Italien oder Frankreich). Es stellte sich heraus, dass Menschen in protestantisch geprägten Ländern eine sehr viel höhere finanzielle Ehrlichkeit aufwiesen als Menschen in katholisch geprägten Ländern ($r = -.53$).

6.10 Gleichberechtigung von Mann und Frau

Westliche Industrienationen unterscheiden sich in dem Maß, in dem das Ideal der gesellschaftlichen Gleichstellung von Männern und Frauen verwirklicht ist. Hofstede (1998) verweist darauf, dass feminine Kulturen durch einen höheren Grad an Egalität und durch weniger Wettbewerbsorientierung gekennzeichnet sind als maskuline Kulturen. Es erscheint plausibel, dass diese Dimension auch Auswirkungen auf die finanzielle Ehrlichkeit der Menschen eines Landes hat. In wettbewerbsorientierten Kulturen ist relativer sozialer Status wichtiger als in egalitären Kulturen. Eine Möglichkeit, relativen sozialen Status zu erwerben, besteht jedoch darin, sich finanziell unehrlich zu verhalten und dadurch die Ausstattung mit eigenen finanziellen Ressourcen zu erhöhen. Die Vereinten Nationen (2001) stufen alle Länder der Welt nach dem so genannten „Female Empowerment Index" ein. Da der Index jedoch nicht für alle Länder der Studie verfügbar war, wurde nur ein Element daraus verwendet, nämlich der Anteil der von Frauen besetzten Sitze im Parlament im Jahr 1990 (siehe Tabelle im Anhang). Diese Variable wies eine positive Beziehung zu finanzieller Ehrlichkeit auf. Je mehr Frauen im Parlament saßen, desto höher war die (durchschnittliche) Ehrlichkeit seiner Bürger ($r =.59$).

6.11 Autoritäre Tradition als Syndrom

In diesem Abschnitt wurden bislang vier verschiedene Variablen diskutiert, die in einem deutlichen Zusammenhang zur durchschnittlichen finanziellen Ehrlichkeit der Bürger eines Landes stehen: Autoritäre Erziehungsziele, Demokratiealter, konfessionelle Tradition und Teilhabe von Frauen an öffentlichen Ämtern. All diesen Variablen ist gemeinsam, dass sie als Ausdruck einer patriarchalisch autoritären Kultur im Gegensatz zu einer egalitär femininen Kultur betrachtet werden können. In der Tat sind diese Variablen in hohem Maße miteinander korreliert, weshalb sie von Fetchenhauer und Wittek (2006) zu einer Skala zusammengefasst wurden. Diese neu gebildete Skala „autoritaristische Tradition“ korrelierte in hohem Maße mit der durch den World Value Survey gemessenen finanziellen Ehrlichkeit: r = -.73. Um die Robustheit dieses Zusammenhanges zu prüfen wurde von ihnen zudem eine Regressionsanalyse mit zwei zusätzlichen, potentiellen Prädiktoren von finanzieller Ehrlichkeit als Kontrollvariablen durchgeführt.

Folgende Variablen wurde dabei berücksichtigt:

1) Wohlstand eines Landes. Als Maß für den Wohlstand eines Landes wurde das jeweilige Pro-Kopf-Einkommen verwendet (Weltbank, 1993).

2) Grad der Urbanisierung, da eine Anzahl von Studien zeigte, dass Bewohner ländlicher Gebiete allgemein hilfsbereiter sind und ihr Handeln öfter vom Geiste der Prosozialität geprägt ist als bei Bewohnern urbaner Gegenden (für eine Zusammenfassung, siehe Bierhoff, 2002).

Die Ergebnisse dieser Regressionsanalyse zeigten, dass finanzielle Ehrlichkeit nur durch die Skala „autoritaristische Tradition“ determiniert war (ß = -.71, p < .01). Weder der Wohlstand (Bruttoinlandsprodukt) eines Landes (ß = .08, n.s.) noch der Urbanisierungsgrad eines Landes (ß = .01, n.s.) beeinflussten die durchschnittliche finanzielle Ehrlichkeit seiner Einwohner signifikant.

6.12 Fazit

Im vorangegangenen Abschnitt wurden internationale Unterschiede in finanzieller Ehrlichkeit untersucht. Es konnte gezeigt werden, dass diese Unterschiede in einem engen Zusammenhang mit der autoritaristischen Tradition eines Landes stehen. Dieser Zusammenhang erwies sich als robust und substantiell, auch wenn weitere potentielle Determinanten von finanzieller Ehrlichkeit als Kontrollvariablen integriert wurden (Wohlstand, Grad der Urbanisierung). Als Indikatoren der autoritaristischen Tradition eines Landes erwiesen sich Erziehungsziele (wie „Gehorsamkeit"), Demokratiealter, konfessionelle Tradition sowie die Teilhabe von Frauen an öffentlichen Ämtern. Folglich ist die Art, wie Menschen dazu erzogen werden, die Regeln von Fairness und Solidarität zu befolgen, tief in der kulturellen Historie des Landes verwurzelt, indem sie aufgewachsen sind. So faszinierend diese Fakten auch sein mögen, weisen sie doch auf ein implizites Problem jedweder interkultureller Forschung hin, nämlich simple Korrelationen sauber von Kausalanalysen zu trennen. Sicherlich sind kulturvergleichende Studien, wie sie hier durchgeführt wurden, niemals in der Lage, Kausalität so zu untersuchen, wie es in Laborexperimenten möglich wäre. Nichtsdestoweniger kann die Stärke der vorgefundenen Zusammenhänge wohl schwerlich als reiner Zufall interpretiert werden.

Welche Bedeutung das Vorhandensein von sozialem Kapital für eine Gesellschaft haben kann, zeigt der gefundene positive Einfluss von finanzieller Ehrlichkeit auf das Wirtschaftswachstum und damit letztlich auf den Wohlstand einer Gesellschaft. Sollte sich dieser Zusammenhang auch in weiteren Studien bestätigen, so wäre das Maß an Ehrlichkeit in einer Gesellschaft oder die Vertrauenswürdigkeit der Bürger ebenso von ökonomischem Wert, wie das Sachkapital oder das Humankapital einer Gesellschaft.

Zukünftige Studien sollten die Auswirkungen der Schattenwirtschaft im interkulturellen Vergleich gesondert analysieren. Aus den berichteten Korrelationen kann zwar ein Zusammenhang von (Steuer-) Ehrlichkeit und Wohlstand, bzw. Wirtschaftswachstum einer Gesellschaft gefolgert werden, jedoch ist es aufgrund der bisher verfügbaren Daten nicht möglich, den Effekt mangelnder Steuermoral herauszuheben. Bei genauer Betrachtung der Items der Skala zur Messung von finanzieller Ehrlichkeit deutet jedoch vieles darauf hin, dass die Einstellung der Menschen zur Steuerhinterziehung durch Schwarzarbeit und verwandte Delikte mit ähnlichen Variablen messbar ist, wie die finanzielle Ehrlichkeit im Allgemeinen.

Literaturverzeichnis
(nach Kapiteln sortiert)

<u>Literatur zu Kapitel 1</u>

Allensbach, Institut für Demoskopie (2007). *Moral 2007- Sozialbetrug ist bei fast allen verpönt, Schwarzarbeit nur bei wenigen*, in: Allensbacher Berichte Nr. 9

Allensbach, Institut für Demoskopie (2008). *Inanspruchnahme haushaltsnaher Dienstleistungen*: Ergebnisse einer repräsentativen Allensbach Umfrage Nr. 01/2008, Berlin

Bundesrechnungshof (2008). *Bericht nach § 99 BHO über die Organisation und Arbeitsweise der Finanzkontrolle Schwarzarbeit (FKS)*, Bonn

Enste, D. H. (2004). Schattenwirtschaft: Boom trotz härterer Strafen – warum?, in: *Zeitschrift Sozialer Fortschritt*, Jg. 53, Heft 2, S. 29-36

Enste, D. H. (2010). Who is working illictly and why?, forthcoming in: *"Handbook on the Shadow Economy"*.

Enste, D. H.; Hardege, S. (2007). Regulierung und Schattenwirtschaft, in: *IW-Trends* - Vierteljahresschrift zur empirischen Wirtschaftsforschung aus dem Institut der deutschen Wirtschaft Köln, 34. Jahrgang, Heft 1/2007

Enste, D. H.;Hülskamp, N.,; Schäfer, H. (2009). Familienunterstützenden Dienstleistungen – Marktstrukturen, Potenziale und Politikoptionen, *IW-Analyse Nr. 44*, Köln

Enste, D. H.; Schneider, F. (Hrsg.), 2006a, *Jahrbuch Schattenwirtschaft 2006/2007*, Münster

Enste, D. H.; Schneider, F (2006b). Welchen Umfang haben Schattenwirtschaft und Schwarzarbeit? Ein Versuch zur Lösung des Rätsels, in: *Wirtschaftsdienst*, Nr. 3, S. 185–191

Enste, D. H.; Schneider, F. (2007). Schattenwirtschaft und Schwarzarbeit – Von Mythen, Missverständnissen und Meinungsmonopolen, in: *List Forum für Wirtschafts- und Finanzpolitik*, Bd. 33, Heft 3, S. 251-286.

EU-Kommission (2007). Undeclared Work in the European Union, *Special Eurobarometer* 284/ Wave 67.3, Brüssel

Feld, L. P.; Larsen, C. (2005). Black Activities in Germany in 2001 and 2004. A Comparison Based on Survey Data, Study, Nr. 12, *The Rockwool Foundation Research Unit*, Kopenhagen

Feld, L. P.; Larsen, Claus (2006). Strafen, Kontrollen und Schwarzarbeit: Einige Anmerkungen auf Basis von Befragungsdaten für Deutschland, in: *Jahrbuch Schattenwirtschaft 2006/2007*, Münster

Feld, L. P.; Larsen, C. (2008). Black Activities Low in Germany in 2006, News from March 2008, *The Rockwool Foundation Research Unit*, Kopenhagen

Friedrichs, J. (1998). *Methoden empirischer Sozialforschung, 15. Auflage*, Wiesbaden

Graf, G. (2007). Die volkswirtschaftliche Bedeutung von Schwarzarbeit, in: *List Forum für Wirtschafts- und Finanzpolitik*, Bd. 33, Heft 2, S. 106-128

Graf, G. (2008). *Stilisierte Fakten zum Zusammenhang zwischen Bargeld und Schwarzarbeit*, Arbeitspapier, unveröffentlichtes Manuskript

Institut der deutschen Wirtschaft Köln (2007). *Repräsentative Umfrage vom 19. - 29. Januar 2007*; 1.018 Befragte ab 18 Jahren durch TNS Emnid, IW-Umfrage

Koch, W. A. S. (2008). Sisyphusarbeiten – Untersuchungen zu Schattenwirtschaft und Schwarzarbeit, in: *List Forum für Wirtschafts- und Finanzpolitik*, Bd. 34, Heft 2, S. 81-101.

Minijob-Zentrale (2009). *Haushaltsreport – Minijobs und Schwarzarbeit in Privathaushalten*, Essen

Pedersen, S. (2003). *The Shadow Economy in Germany, Great Britain and Scandinavia – A Measurement Based on Questionnaire Surveys*, Kopenhagen

Schäfer, W. (1984). Schattenökonomie. *Theoretische Grundlagen und wirtschaftspolitische Konsequenzen*, Göttingen

Schneider, F.; Enste, D. H. (2000a). Shadow Economies: Size, Causes, and Consequences, in: *Journal of Economic Literature*, Vol. 38, S. 77–114

Schneider, F.; Enste, D. H. (2000b). *Schattenwirtschaft und Schwarzarbeit – Umfang, Ursachen, Wirkungen und wirtschaftspolitische Empfehlungen*, München

Schneider, F. / Enste, D. H. (2002). *The Shadow Economy – An International Survey*, Cambridge

Schneider, F. (2007). Reducing the Shadow Economy in Germany: A Blessing or a Curse? *Discussion Paper*, Department of Economics, Linz

Literatur zu Kapitel 2

Dreher A., Christos K. und McCorriston S. (2004). How do Institutions affect Corruption and the Shadow Economy?. *Discussion Paper*. University of Konstanz und University of Exeter.

Feld, Lars P. und Friedrich Schneider (2010): Survey on the Shadow Economy and Undeclared Earnings in OECD Countries, *German Economic Review* 11(2), pp. 109-149.

Schneider, F. (2004). Arbeit im Schatten: Eine Wachstumsmaschine für Deutschland?. Wiesbaden: Gabler Verlag.

Schneider F. (2005). Shadow Economy around the World: What do we really know?. *European Journal of Political Economy*, 21/3 (September 2005), pp. 598-642.

Schneider, F. (2008). *Korruption in Österreich: Einige Fakten, Mimeo, Berechnungen*. Institut für Volkswirtschaftslehre, Johannes Kepler Universität.

Schneider, F. und Bühn, A. (2007). Shadow Economy and Corruption all over the World: Revised Estimate for 120 Countries. Economics: The Open-Access, *Open-Assessment E-Journal*, Vol. 1, 2007-9.

Schneider, F; Bühn, A. und Montenegro, C. (2010): Schadow Economies All over the World: New Estimates for 162 Countries from 1999 to 2007, *Policy Research Paper 5356*, WPS5356, Washington, D.c.: The World Bank, July 2010.

Schneider, F. und Enste, D. (2002). *The Shadow Economy: An International Survey*. Cambridge (UK): Cambridge University Press.

Schneider, F. und Enste, D. (2000): Shadow Economies: Size, Causes and Consequences, *Journal of Economic Literature* 38/1, pp. 73-110.

Literatur zu Kapitel 3

Allingham, M., & Sandmo, A. (1972). Income tax evasion: A theoretical analysis. *Journal of Public Economics*, 1(3-4), 323-338.

Antonides, G. & Robben, H.S.J. (1995). True positives and false alarms in the detection of tax evasion. *Journal of Economic Psychology, 16*(4), 617-640.

Baldry, J.C. (1987). Income tax evasion and the tax schedule: Some experimental results. *Public Finance*, *42*(3), 357-383.

Bergman, M.S. (2002). Who pays for social policy? A study on taxes and trust. *Journal of Social Policy*, 31(2), 289-305.

Braithwaite, V. (2003c). Perceptions of who´s not paying their fair share. *Australian Journal of Social Issues*, *38*(3), 335-362.

Braithwaite, V., Schneider, F., Reinhart, M., & Murphy, K. (2003). Charting the shoals of the cash economy. In V. Braithwaite (Ed.), *Taxing Democracy. Understanding Tax Avoidance and Evasion.* (pp. 93-108). Aldershot: Ashgate Publishing Limited.

Braithwaite, V., & Wenzel, M. (2007). Integrating explanations of tax evasion and avoidance. In A. Lewis (ed.), *Cambridge handbook of psychology and economic behaviour.* Cambridge: Cambridge University Press.

Brehm, J. W. (1966). *A theory of psychological reactance*. New York: Academic Press.

Brooks, N., & Doob, A.N. (1990). Tax evasion: Searching for a theory of compliant behaviour. In M.L. Friedland (ed.), *Securing compliance: Seven case studies*. Toronto: University of Toronto Press.

Carlsmith, K. M. (2006). The roles of retribution and utility in determining punishment. *Journal of Experimental Social Psychology, 42*, 437-451.

Carlsmith, K. M., Darley, J. M., & Robinson, P. H. (2002). Why do we punish? Deterrence and just deserts as motives for punishment. *Journal of Personality and Social Psychology, 83*(2), 284-299.

Cohen-Charash, Y., & Spector, P. E. (2001). The role of justice in organisation. A meta-analysis. *Organisational Behaviour and Human Decision Processes*, *86*(2), 278-321.

Cropanzano, R., & Ambrose, M. L. (2001). Procedural and distributive justice are more similar than you think: A monistic perspective and a research agenda. In J. Greenberg & R. Cropanzano (Eds.),

Advances in organizational justice (pp. 119-151). Stanford: Stanford University Press.

Cropanzano, R., Bowen, D. E. & Gilliland, S. W. (2007). The management of organisational justice. *Academy of Management Perspectives*, *21*, 34-48.

Cropanzano, R., Prehar, C. A. & Chen, P. Y. (2002). Using social exchange theory to distinguish procedural from interactional justice. *Group & Organisation Managemen*t, *27*(3), 324-351.

Darley, J., & Pittman, T. S. (2003). The psychology of compensatory and retributive justice. *Personality and Social Psychology Review, 7*(4), 324-336.

Feld, L.P., & Frey, B.S. (2005a). Illegal, immoral, fattening or what? How deterrence and responsive regulation shape tax moral. In C. Bajada & F. Schneider (eds.), *Size, causes and consequences of the underground economy* (pp. 16-37). Alderhot: Ashgate.

Frey, B.S. (2003). Deterrence and tax morale in the European Union. *European Review*, 11(3), 385-406.

Granger, J. (2005). *Focus on compliance issues for the Tax Office in 2005*. Zugriff am 5 August 2005, from http://www.ato.gov.au/corporate/content.asp?doc=/content/55484.htm.

Groenland, E.A.G., & van Veldhoven, G.M. (1983). Tax evasion behaviour: A psychological framework. *Journal of Economic Psychology*, 3(2), 129-144.

Hotaling, A. & Arnold, D. (1981, May-June). The underground economy, *Massachusetts CPA Review*, 8-14.

Jackson, B. R. & Milliron, V. C. (1986). Tax compliance research: Findings, problems, and prospects. *Journal of Accounting Literature, 5*, 125-161.

James, S., & Alley, C. (2002). Tax compliance, self-assessment and tax administration. *Journal of Finance and Management in Public Services*, 2(2), 27-42.

Kastlunger, B., Dressler, S. G., Kirchler, E., Mittone, L. & Voracek, M. (2009). Sex differences in tax compliance: Differentiating between demographic sex, gender-role orientation, and prenatal onset of masculinisation (2D:4D). Manuscript submitted for publication.

King, S., & Sheffrin, S.M. (2002). Tax evasion and equity theory: An investigative approach. *International Tax and Public Finance*, 9(4), 505-521.

Kinsey, K.A., & Grasmick, H.G. (1993). Did the tax reform act of 1986 improve compliance? Three studies of pre- and post-TRA compliance attitudes. *Law and Policy*, 15(4), 239-325.

Kirchler, E. (1999). Reactance to taxation: Employers´ attitudes towards taxes. *Journal of Socio-Economics*, *28*(2), 131-138.

Kirchler, E. (2007). *The economic psychology of tax behaviour*. Cambridge: Cambridge University Press.

Kirchler, E., Hoelzl, E., & Wahl, I. (2008). Enforced versus voluntary tax compliance: The "slippery slope model". *Journal of Economic Psychology*, *29*(2), 210-225.

Kramer, R.M. (1999). Trust and distrust in organizations: Emerging perspectives, enduring questions. *Annual Review of Psychology*, 50(1), 569-598.

Lea., S., Tarpy, R.M., & Webley, P. (1987). *The individual in the economy. A survey of economic psychology.* Cambridge: Cambridge University Press.

Leventhal, G. S. (1980). What should be done with equity theory? New approaches to the study of fairness in social relationships. In K. Gergen, M. Greenberg & R. Willis (Eds.), *Social exchange:*

Advances in theory and research (pp. 27-55). New York: Plenum Press.

Lind, E. A., & Tyler, T. R. (1988). *The social psychology of procedural justice*. New York: Plenum.

Mason, R. & Calvin, L. (1978, Fall). A study of admitted income tax evasion. *Law and Society Review*, 73-89.

Mason, R. & Lowry, H. (1981). An *estimate of income tax evasion in Oregon*. Corvallis, Oregon: University, Survey Research Center.

McFatter, R. M. (1982). Purposes of punishment: Effects of criminal sanctions on perceived appropriateness. *Journal of Applied Psychology, 67*(3), 255-267.

Miller, D. T., & Vidmar, N. (1981). The social psychology of punishment reactions. In M. J. Lerner & S. C. Lerner (Eds.), *The justice motive in social behavior. Adapting to times of scarcity and change.* (pp. 145-172). Waterloo: Plenum Press.

Minor, W. (1978). Deterrence research: Problems of theory and method. In J.A. Cramer (Ed.), *Preventing crime* (pp. 21-45). Beverly Hills: Sage.

Okimoto, T. G. & Wenzel, M. (2008). The symbolic meaning of transgressions. Towards a unifying framework of justice restoration. *Advances in Group Processes*, *25*(1), 291-326.

Peabody, D. (1985). *National characteristics*. New York: Cambridge University Press.

Pelzmann, L. (1985). Wirtschaftspsychologie. Arbeitslosenforschung, Schattenwirtschaft, Steuerpsychologie. Vienna: Springer.

Poschalko, A. (2007). Im Dreieck von Sozialer Identität, Gerechtigkeit und Steuern. Eine Untersuchung an selbständig erwerbstätigen Österreicher/innen. Unveröffentlichte Diplomarbeit, Universität Wien.

Rechberger, S., Hartner, M., & Kirchler, E. (2009). Soziale Vorstellungen über Steuern und EU - Steuern in Österreich. *Wirtschaftspsycholgie*(1), 59-68.

Richards, P. & Tittle, C. (1981, June). Gender and perceived chances of arrest. *Social Forces*. 1182-1199.

Robben, H.S.J. Webley, P., Weigel, R.H., Wärneryd, K.-E., Kinsey, K.A., Hessing, D.J., Alvira Martin, F., Elffers, H., Wahlund, R., Van Langenhove, L., Long, S.B. & Scholz, J.T. (1990). Decision frame and opportunity as determinants of tax cheating: An international experimental study. *Journal of Economic Psychology*, 11(3), 341-364.

Sandmo, A. (2003). Three decades of tax evasion: A perspective on the literature. Paper presented at the Skatteforum (The Research Forum on Taxation), Rosendal, Norway.

Skitka, L. J., Winquist, J., & Hutchinson, S. (2003). Are outcome fairness and outcome favorability distinguishing psychological constructs? A meta-analytical review. *Social Justice Research, 16*(4), 309-341.

Song. Y. & Yarbrough (1978, September-October). Tax ethics and taxpayer attitudes: A survey. *Public Administration Review*, 442-452.

Taylor, N. (2003). Understanding taxpayer attitudes through understanding taxpayer identities. In V. Braithwaite (Ed.), *Taxing democracy. Understanding tax avoidance and evasion.* (pp. 71-92). Hants: Ashgate Publishing Limited.

Thibaut, J., & Walker, L. (1975). *Procedural justice: A psychological analysis*. Hillsdale, NJ: Erlbaum.

Thorndike, J.J., & Ventry, D.J.J. (eds.), (2002). *Tax justice: The ongoing debate*. Washington, DC: The Urban Institute Press.

Tittle, C. (1980). Sanctions and social deviance: The question of deterrence. New York: Praeger.

Tyler, T. R. (1987). Conditions leading to value-expressive effects in judgements of procedural justice: A test of four models. *Journal of Personality and Social Psychology*, *52*(2), 333-344.

Tyler, T. R., Boeckmann, R. J., Smith, H. J., & Huo, Y. J. (1997). *Social justice in a diverse society*. Boulder: Westview Press.

Vogel, J. (1974). Taxation and public opinion in sweden: An interpretation of recent survey data. *National Tax Journal 27*(4), 499-513.

Warr, M., Meier, R. F. & Erickson, M. L. (1983). Norms, theorys of punishment, and publicity preferred penalties for crimes. *Sociological Quarterly*, *24*(1), 75-91.

Webley, P. (2004). Tax compliance by businessmen. In H. Sjögren & G. Skogh (Eds.), *New perspectives on economic crime* (pp. 95-126). Cheltenham: Edward Elgar.

Webley, P., Robben, H.S.J., Elffers, H. & Hessing, D.J (1991). *Tax evasion: An experimental Approach.* Cambridge: Cambridge University Press.

Wenzel, M. (2003). Tax compliance and the psychology of justice: Mapping the field. In V. Braithwaite (Ed.), *Taxing democracy. Understanding tax avoidance and evasion.* (pp. 41-69). Hants: Ashgate Publishing Limited.

Wenzel, M., Okimoto, T. G., Feather, N. T. & Platow, M. J. (2008). Retributive and restorative justice. *Law & Human Behaviour*, *32*, 375-389.

Wenzel, M., & Thielmann, I. (2006). Why we punish in the name of justice: Just desert versus value restoration and the role of social identity. *Social Justice Research, 19*(4).

Witte, A. & Woodbury, D. (1985). *The effect of tax laws and tax administration on tax compliance* (Working Paper 83-1). Chapel Hill, North Carolina: University, Department of Economics.

Literatur zu Kapitel 4

Bentham, J. (1962). Principles of penal law. In J. Bowring (Ed.), *The works of Jeremy Bentham* (p. 396). Edinburgh: W. Tait.

Braithwaite, V. (2003). Dancing with tax authorities: Motivational postures and non-compliant actions. In V. Braithwaite (Ed.), *Taxing democracy. Understanding tax avoidance and evasion* (pp. 15-39). Aldershot: Ashgate Publishing Limited.

Byrne, B. M. (2001). Structural equation modeling with AMOS. Basic concepts, applications, and programming. Mahwah, New Jersey: Lawrence Erlbaum Associates.

Carlsmith, K. M. (2006). The roles of retribution and utility in determining punishment. *Journal of Experimental Social Psychology, 42*, 437-451.

Carlsmith, K. M. (2008). On justifying punishment: The discrepancy between words and actions. *Social Justice Research, 21,*119-137.

Carlsmith, K. M., & Darley, J. M. (2008). Psychological aspects of retributive justice. *Advances in Experimental Social Psychology, 40,* 193-236.

Carlsmith, K. M., Darley, J. M., & Robinson, P. H. (2002). Why do we punish? Deterrence and just deserts as motives for punishment. *Journal of Personality and Social Psychology, 83*(2), 284-299.

Friedland, N., Maital, S., & Rutenberg, A. (1978). A simulation study of income tax evasion. *Journal of Public Economics, 10*(1), 107-116.

Hartner, M., Rechberger, S., Kirchler, E., & Schabmann, A. (2008). Procedural justice and tax compliance. *Economic Analysis & Policy, 38*(1), 137-152.

Heider, F. (1958). The psychology of interpersonal relations. New York: Wiley.

Kant, I. (1952). The science of right. In R. Hutchins (Ed.), *Great books of the western world* (pp. 397–446). Edinburgh: T. and T. Clark.

Kirchler, E. (2007). *The economic psychology of tax behaviour.* Cambridge: University Press.

Kirchler, E., Hoelzl, E., & Wahl, I. (2008). Enforced versus voluntary tax compliance: The "slippery slope model". *Journal of Economic Psychology, 29,* 210-225.

Kirchler, E., & Pitters, J. (2007). Kontraproduktives Verhalten durch Schädigung öffentlicher Güter. In K. Moser (Ed.), *Lehrbuch Wirtschaftspsychologie*. Heidelberg: Springer.

Lea, S. E. G., Tarpy, R. M., & Webley, P. (1987). *The individual in the economy.* Cambridge: University Press.

McFatter, R. M. (1982). Purposes of punishment: Effects of criminal sanctions on perceived appropriateness. *Journal of Applied Psychology, 67*(3), 255-267.

Miller, D. T., & Vidmar, N. (1981). The social psychology of punishment reactions In M. J. Lerner & S. C. Lerner (Eds.), *The Justice Motive in Social Behavior. Adapting to Times of Scarcity and Change* (pp. 145-172). Waterloo: Plenum Press.

Muehlbacher, S., Hoelzl, E., & Kirchler, E. (2007). Steuerhinterziehung und die Berücksichtigung des Einkommens in der Strafbemessung. *Wirtschaftspsychologie, 9*(4), 116-121.

Nestler, C., Salvenmoser, S., & Bussmann, K.-D. (2007). *Wirtschaftskriminalität 2007. Sicherheitslage der deutschen Wirtschaft*. Frankfurt am Main & Halle an der Saale: Pricewaterhouse Coopers & Martin-Luther-Universität.

Orth, U. (2003). Punishment goals of crime victims. *Law and Human Behavior, 27*(2).

Oswald, M. E., Orth, U., & Hupfeld, J. (2003). Mikro- versus Makroperspektive der retributiven Gerechtigkeit, Strafziele und die Forderung nach Strafe. *Zeitschrift für Sozialpsychologie, 34*(4), 227-241.

Park, C. G., & Hyun, J. K. (2003). Examining the determinants of tax compliance by experimental data: A case of Korea. *Journal of Policy Modeling, 25*(8), 673-684.

Pfusch statt Überstunden: Schattenwirtschaft floriert in der Krise. (22.01.2009).
Die Presse.
http://diepresse.com/home/wirtschaft/economist/445834/index.do ?from=suche.intern.portal

Rechberger, S., Hartner, M., & Kirchler, E. (2009). *SIT-Tax: (Duale) soziale Identität, Gerechtigkeit, Normen und Steuern: Fragebogen, Datenerhebung und Stichprobe (*Working Paper 2). Wien: Universität, Fakultät für Psychologie.

Reinecke, J. (2005). Strukturgleichungsmodelle in den Sozialwissenschaften. München: R. Oldenbourg.

Robinson, P. H., & Darley, J. M. (1997). The utility of desert. *Northwestern University Law Review, 91*, 453-499.

Schneider, F. (2003). Zunehmende Schattenwirtschaft in Deutschland: Eine wirtschafts- und staatspolitische Herausforderung. *Vierteljahrshefte zur Wirtschaftsforschung, 72*(1), 148-159.

Schneider, F. & Enste, D. (2000). Shadow economies: Size, causes, and consequences. *Journal of Economic Literature, 38*(March), 77-114.

Schneider, F.,Torgler, B. & Schaltegger, C. A. (2008). Schattenwirtschaft und Steuermoral. Zürich: Rüegger.

Schwartz, R., & Orleans, S. (1967). On legal sanctions. *University of Chicago Law Review, 34*(Winter), 274-300.

Mikrozensus-Arbeitskräfteerhebung (2006). am 4.3.2009 abgerufen unter http://www.stat.at/web_de/statistiken/arbeitsmarkt/erwerbstaetige/selbststaendige_mithelfende/index.html.

Spicer, M. W., & Lundstedt, S. (1976). Understanding tax evasion. *Public Finance, 31*, 295-305.

Tyler, T. R., Boeckmann, R. J., Smith, H. J., & Huo, Y. J. (1997). *Social justice in a diverse society*. Boulder: Westview Press.

Vogel, J. (1974). Taxation and public opinion in Sweden: an interpretation of recent survey data. *National Tax Journal, 27*, 499-513.

von Hirsch, A. (1981). *Doing justice. The choice of punishments.* (5th. Ed. ed.). New York: Hill and Wang.

Weiner, B., Graham, S., & Reyna, C. (1997). An attributional examination of retributive versus utilitarian philosophies of punishment. S*ocial Justice Research, 10*(4), 431-452.

Wenzel, M. (2003). Tax compliance and the psychology of justice: Mapping the field. In V. Braithwaite (Ed.), *Taxing democracy. Understanding tax avoidance and evasion* (pp. 41-69). Hants: Ashgate Publishing Limited.

Wenzel, M., Okimoto, T. G., Feather, N. T., & Platow, M. J. (2008). Retributive and restorative justice. *Law and Human Behavior, 32*(5), 375-389.

Wenzel, M., & Thielmann, I. (2006). Why we punish in the name of justice: Just desert versus value restoration and the role of social identity. *Social Justice Research, 19*(4).

Literatur zu Kapitel 5

Aristotle (1908). *Nichomachean Ethics*. Translated by W.D. Ross. Oxford: Clarendon Press.

Barber, B. M., & Odean, T. (2001). Boys will be boys: Gender, overconfidence, and common stock investment. *The Quarterly Journal of Economics, 116*(1), 261-292.

Creditreform Wirtschaftsforschung (2008). *Insolvenzen in Europa 2007.* Verband der Vereine Creditreform.

Crane, A. & Matten, D. (2004). *Business Ethics: A European Perspective.* Oxford, U.K.: Oxford University Press.

Dawes, R. M. (1980). Social Dilemmata. *Annual Review of Psychology, 31(1),* 169-193.

De Mott, D.K.D. (2001) *Ethics*. [Gale Encyclopedia of psychology]. Verfügbar unter: http://findarticles.com/p/articles/mi_g2699/is_0004/ai_2699000457/ [25.10.2009].

diepresse.com (2009). [Archivsuche].Verfügbar unter: http://diepresse.com/user/search.do?detailForm=true&showDetailForm=true&resetForm=1&resultsPage=0 [25.10.2009].

Ewing, A.C. (1953). *Ethics.* London: Hodder & Stoughton.

Europäische Kommission (2001). *Standard Eurobarometer, Nr.55,* Brüssel.

Europäische Kommission (2006). *Standard Eurobarometer, Nr.66,* Brüssel.

Europäische Kommission (2008). *Standard Eurobarometer, Nr.70,* Brüssel.

Haferkamp, A., Fetchenhauer, D., Belschak, F. & Enste, D. (2009). Efficiency versus fairness: The evaluation of labor market policies by economists and laypeople. *Journal of Economic Psychology, 30*, 527-539.

Infratest Dimap (März, 2009). ARD DeutschlandTrend. [Umfrage]. Verfügbar unter: http://www.infratest-dimap.de/umfragen-analysen/bundesweit/ard-deutschlandtrend/2009/maerz/ [25.10.2009].

Maclagan, P. (1998). Management and Morality. A Developmental Perspective. London: Sage.

Mercier, P. (2006). *Nachtzug nach Lissabon.* München:btb.

Messick, D. M. & Brewer, M. B. (Hrsg.). (1983). *Solving social Dilemmata: A review.* Beverly Hills: CA: Sage.

Kelemen, M. & Peltonen, P. (2001). Ethics, morality and the subjects: The contribution of Zygmunt Bauman und Michael Foucault to „postmodern" business ethics. *Scandinavian Journal of Management, 17* (2),151-166.

Kirchler, E. & Pitters (2007). Kontraproduktives Verhalten durch Schädigung öffentlicher Güter. In: K. Moser (Hrsg.), *Lehrbuch Wirtschaftspsychologie.* 357-374. Heidelberg: Springer.

Lumer, C. (2008). Ethische Argumentationen. In: J. S. Ach, K. Bayertz & L. Siep (Hrsg.), *Einführung in die Ethik.* Paderborn: Mentis, 109-130.

Oberlechner, T. & Pitters, J. (2009). Verantwortung für Ethik in Unternehmen: Die Psychologie der Ethik verstehen und nutzen. *Wirtschaftspsychologie 11,* 47-57.

Oberlechner, T. (2007). The Psychology of Ethics in the Finance and Investment Industry. Research Foundation of CFA Institute.

O `Fallon, M.J. & Butterfield, K.D. (2005). A Review of the Empirical Decision-Making Literature: 1996-2003. *Journal of Business Ethics, 59* (4), 375-413.

Pabst Benedict XVI., (2009). Sozialenzyklika Pabst Benedicts: Caritae in vitae. Verfügbar unter: www.radiovaticana.org [25.10.2009].

Rawls, J. (1951). Outline for a decision procedure in ethics. *Philosophical Review, 60*, 177 197.

Seeber, G. (2002). Die ethische Dimension sozialer Dilemmata als wirtschaftspädagogisches Problem. *Kölner Zeitschrift für Wirtschaft und Pädagogik, 17* (32), 99-119.

Statistik Austria (2009). Arbeitsmarktstatistik. Verfügbar unter: www.statistik.at. [25.10.2009].

Stiglitz, J. (2009). Wie eine Bankensanierung funktionieren kann. *Le Monde Diplomatique*, Berlin. Verfügbar unter: http://www.monde diplomatique.de/pm/.stiglitz [25.10.2009].

Trevino, L.K. & Nelson, K.A. (2007). Managing business ethics. Straight talk about how to do it right. Hoboken, NJ: Wiley.

Witte, E.H. & Mölders, C. (2007). Einkommensteuergesetz: Begründung der vorhandenen Ausnahmetatbestände ethisch bedenklich. *Wirtschaftspsychologie 3,* 65-81.

Witte, E.H. & Doll, J. (1995). Soziale Kognition und empirische Ethikforschung.

Zur Rechtfertigung von Handlungen. In E.H. Witte (Hrsg.), *Soziale Kognition und empirische Ethikforschung,* 97-115. Lengerich: Pabst.

Literatur zu Kapitel 6

Batson, C.D. (1991). The altruism question: Towards a social psychological answer. Hillsdale NJ: Lawrence Erlbaum.

Bierhoff, H.W. (2002). *Prosocial Behavior*. Hove: Psychology Press.

Casey, T. & Christ, K. (2005). Social Capital and Economic Performance in the American States. *Social Science Quarterly, 86,* 826-845.

Coleman, J. (1990). *Foundations of social theory*. Cambridge MA: Harvard University Press.

Deci, E.L. (1975). *Intrinsic Motivation*. New York: Plenum.

Economist (1996, June 22). Whom can you trust? Economist, p. 33.

Fetchenhauer, D. & Dunning, D. (2009). Do people trust too much or too little? *Journal of Economic Psychology, Vol.30, No.3,* 263-276.

Fetchenhauer, D. & Goebbels, T. (2007). Dänen lügen nicht. Determinanten finanzieller Ehrlichkeit im interkulturellen Vergleich. *Wirtschaftspsychologie, No.4,* 134-144.

Fetchenhauer, D., Pradel, J. & Groothuis, T. (in press). Twenty seconds are enough – Identifying others' altruism by thin slices of behavior. *Evolution and Human Behavior.*

Fetchenhauer, D. & van der Vegt, G. (2001). Honesty, trust and economic growth. A cross cultural comparison of Western industrialized countries. *Zeitschrift für Sozialpsychologie, 32*, 189-200.

Fetchenhauer, D. & Wittek, R. (2006). Determinants of financial honesty. A cross-cultural study. In D. Fetchenhauer, A. Flache, B. Buunk & S. Lindenberg (Eds.), Solidarity and Prosocial Behavior. An integration of psychological and sociological perspectives (191-206). New York: Kluwer Academic/Plenum Publishers.

Frey, B.S., & Ntozake, S. (1997). *Not just for the money*. Cheltenham: Edward Elgar.

Fukuyama, F. (1995). Konfuzius und die Marktwirtschaft. Der Konflikt der Kulturen. München: Kindler.

Halpern, D. (2001). Moral values, social trust and inequality. Can values explain crime? *British Journal of Criminology, 41*, 236-251.

Hoffman, M. L. (1970). Moral development. In P.H.Mussen (Ed.), *Carmichael's manual of child development* (3 ed., pp. 261-359). New York: Wiley.

Hoffman, M.L. (2000). Empathy and moral development. Implications for justice and caring. Cambridge: University Press.

Hofstede, G. (1998). Religion, masculinity, and sex. In G. Hofstede (Ed.), Masculinity and femininity: The taboo dimension of national cultures (pp. 192-209). Thousand Oaks, CA: Sage.

Inglehart, R. (1990). *Culture shift in advanced societies*. Princeton: University Press.

Inglehart, R. (1997). Modernization and postmodernization. Cultural, economic, and political change in 43 societies. Princeton: University Press.

Knack, S. & Keefer, P. (1997). Does social capital have an economic payoff? A cross-country investigation. *Quarterly Journal of Economics, 112*, 1251-1288.

Krevans, J. & Gibbs, J.C. (1996). Parents' use of inductive discipline: Relations to children's empathy and prosocial behavior. *Child development, 67*, 3263-3277.

Kuczynski, L. (1983). Reasoning, prohibitions, and motivations for compliance. *Developmental Psychology, 19*, 126-134.

Putnam, R.D. (1993). Making democracies work: Civic traditions in modern Italy. Princeton: University Press.

Sawin, D.B., & Parke, R.D. (1980). Empathy and fear as mediators of resistance-to-deviation in children. *Merrill-Palmer Quaterly of Behavior and Development, 26*, 123-134.

Van Dijk, J., & Mayhew, P. (1992). *Crime victimization in the industrial world*. The Hague: Minestry of Justice.

Vereinte Nationen (2001). *Human Development Report*. Oxford: University Press.

Weltbank (1993). *World development report*. New York: Oxford University Press.

Walter Eucken
Wirtschaftsmacht und Wirtschaftsordnung
Londoner Vorträge zur Wirtschaftspolitik und zwei Beiträge zur Antimonopolpolitik. Herausgegeben vom Walter-Eucken-Archiv. Mit einem Nachwort von Walter Oswalt

Der Hauptteil dieses Buches besteht aus Walter Euckens letztem Werk: seinen Londoner Vorlesungen zur Wirtschaftspolitik (1950). Dazu kommen zwei bisher in Deutschland unveröffentlichte Beiträge zur Antimonopolpolitik (1947), in denen Eucken sein ordnungspolitisches Konzept auf den Punkt bringt: „Es sind also nicht die sogenannten Missbräuche wirtschaftlicher Macht zu bekämpfen, sondern wirtschaftliche Macht selbst". Walter Eucken, der als einer der wichtigsten Ökonomen des zwanzigsten Jahrhunderts gilt, zeigt als "Radikalliberaler" (Süddeutsche Zeitung) eine konsequente Alternative zum herrschenden Neoliberalismus. In einem ergänzenden Essay weist Walter Oswalt – an Hand von zum Teil unbekannten Dokumenten – nach, wie unter dem Etikett "Soziale Marktwirtschaft" Euckens Ordoliberalismus seit Ludwig Erhard für eine freiheitsfeindliche Politik missbraucht wurde. Dabei wird die Aktualität der euckenschen Konzeption im Zeitalter der Globalisierung sichtbar.

2001, 160 S., 17,90 €, br., ISBN 3-8258-4804-3

Walter Eucken
Ordnungspolitik

Der Band Ordnungspolitik enthält bisher unveröffentlichte Texte von Walter Eucken, der als "geistiger Vater der sozialen Marktwirtschaft gilt" (Die Zeit). Es handelt sich um Gutachten, die Eucken nach 1945 für die Alliierten entworfen hat. Euckens Ordoliberalismus wird seit Ludwig Erhard von allen Bundesregierungen in Anspruch genommen. Doch Walter Eucken strebte eine andere Wirtschaftsordnung an. Er entwarf – heute in der Krise der Globalisierung hochaktuell – eine Marktwirtschaft ohne Konzernmacht. Mit einem Nachwort über Werk, Leben und Aktualität Euckens handelt es sich um die einzige Einführung in das Werk des wichtigsten Theoretikers der Wirtschaftspolitik im zwanzigsten Jahrhundert in Deutschland. Die Reihe Zweite Aufklärung des Walter Eucken Archivs veröffentlicht aktuelle Weiterentwicklungen und vergessene Schriften des Ordoliberalismus sowie Texte seiner Vorläufer seit dem Beginn der demokratischen Moderne. Die Theorie des Ordoliberalismus geht weit über die Fachgrenzen der Wirtschaftswissenschaften hinaus. Sie ist wie die Aufklärungstradition, die sie erneuert: Angewandte Sozialwissenschaft auf breiter philosophischer Grundlage.

1999, 104 S., 12,90 €, gb., ISBN 3-8258-4056-5

Thomas Buchner; Philip R. Hoffmann-Rehnitz (Eds.)
Shadow economies and irregular work in urban Europe
16th to early 20th centuries

Shadow economies and non-regular work practices are historically not new phenomena. Before the rise of the modern welfare state, there was already a broad range of economic activities which were regarded as non-regular, though not necessarily illicit. Although they constituted an important part of economic life, these activities have not yet been studied closely or from diverse perspectives. The articles in this volume explore multifaceted aspects of shadow economies in European cities from the 16th to the early 20th centuries. The volume thus contributes a historical perspective to ongoing debates about the relationship between work, welfare and the state.

2010, 320 S., 29,90 €, br., ISBN 978-3-8258-0688-0

LIT Verlag Berlin – Münster – Wien – Zürich – London

Auslieferung Deutschland / Österreich / Schweiz: siehe Impressumsseite